La fiesta de las amigas

Mana Muscarsel Isla

La fiesta de las amigas
Sacudir el discurso del amor

Prólogo de Itziar Ziga

MANA MUSCARSEL ISLA. *La fiesta de las amigas. Sacudir el discurso del amor.* Editorial Continta Me Tienes, colección **La pasión de Mary Read,** serie #Cuerpas

Primera edición: mayo de 2025

Edición a cargo de Sandra Cendal

176 pp., 13 x 18 cm.
Depósito legal: NA 961-2025
ISBN: 978-84-19323-63-7
IBIC: JBSF11: Feminismo y teoría feminista

Colección La pasión de Mary Read, nº 61

Continta Me Tienes
C/ Belmonte de Tajo 55, 3º C
28019, Madrid
91 469 35 12 ~ info@contintametienes.com
www.contintametienes.com
 @Continta_mt ContintaMeTienes @contintametienes

FSC
www.fsc.org
MIXTO
Papel procedente de
fuentes responsables
FSC® C107210

Índice

Hasta la perversión exige cierto orden.
Dijo Perlongher que dijo el Marqués de Sade.

Prólogo

¿Y si la loca de los gatos no está sola?

Itziar Ziga

*¿Es el consuelo más reconfortante en cualquier
otro lugar que en los brazos de una hermana?*

ALICE WALKER

Saliendo de la Mary Read hace unos años, ante las cañas posteriores en alegre mogollón, viví una epifanía
con Javier Sáez. En la tele del bar aparecía un ser identificable como no binarie ante un enorme corazón
rojo. Comprendí que Javier –amiga, investigadora y
activista queer– no veía *First Dates*, el programa diario de gran éxito donde sale gente que cena con otra
gente en busca de pareja. Yo alabé que viejos fachas
se deleitaran ante maricones que se enamoran, como
al hijo al que no terminan de querer por ser maricón
sentado en el mismo sofá: el caso de un amigo mío.
Una a veces se conforma con tan poco... Javier concluyó con suspicacia: «Claro, es por el amor».

El amor como coladero, como cebo, como trampa. Tras mi ávida lectura de *La fiesta de las amigas,* ya siento la irradiación de Mana Muscarsel Isla aquella noche, como si estuviera entre nosotras. Las veo sacudiendo juntas la higuera del amor para que se nos precipiten encima sus frutos, algunos, de lo más venenosos, incluso venéreos. Y no solo porque en este libro que palpita en tus manos se regrese a una vieja refriega queer (2008) en la que algunas nos tomamos a mal precisamente esta crítica de Javier Sáez, este aporte. Yo entonces no entendí, no pude o no quise o no supe entender lo profundamente liberador que es arrojar luz sobre la mística del amor también para las desviadas.

Ay, el amor… Ya nos lo advirtió Shulamith Firestone en 1970: «El pánico que sentimos cada vez que algo amenaza el amor es una buena pista para comprender su importancia política».

Podría parecer que, emparejadas, al menos nos metemos en los corazoncitos de ese cishetero mundo cruel que siempre nos rechazó, y que el caso es meterse, pero ¿en dónde carajo nos estamos metiendo? ¿Acaso vamos a renunciar por ser toleradas individualmente a nuestros hermosos propósitos de rehorizontalizar este mundo, abandonando a estas alturas de la jugada a nuestras hermanas de barracón intolerables?

Ahí está la trampa: tendremos que sospechar de a santo de qué las desviadas pasamos a ser aceptables justo cuando estamos en pareja. Es como poco curioso, porque, supuestamente, lo que siempre odiaron de nuestra forma de vida era precisamente la dirección errada y asquerosa de nuestra sexualidad, a quién amamos carnalmente. Y sin embargo nos prefieren de dos en dos, al lado de otra desviada como nosotras, con la que se da por hecho que vamos a follar.

Para romper la comunidad y dominarnos, nos partieron en dos (hombre o mujer, ya lo braman Milei, Trump, las terfas) y nos aislaron de dos en dos, en parejas, o sea, protofamilias. Por eso es tan importante para el capitalismo la jerarquización de nuestros vínculos. Yo lo estoy viviendo ahorita: cuando heredas de tu hermana, Hacienda te penaliza, me penaliza por el pecado de ella. ¿Por qué una mujer adulta no se casó y tuvo descendencia a la que dejar sus bienes? Nace, crece, reproduce las normas y reprodúcete tú, y muere. Y eso que hay lazo de sangre, familiar. Pero una hermana es menos familia que una madre; no lo digo yo, lo dice el Estado. Ni qué decir una amiga: las amigas y las lesbianas no somos nada.

«La amistad hoy nos ofrece la potencia de que se espere menos de ella, en el sentido de que no se espera encontrar todo en una misma amiga», revela Mana Muscarsel Isla, transformando la insignificancia en ventaja. A medida que cumplimos décadas, en mi inmensa y dispersa red de amigas de todo pelaje anhelamos cada vez más cierta vida comunitaria, y a la vez la vamos practicando, no despracticando, como se supone que hacemos las adultas en los tiempos cisheterocapitalistas. Y *La fiesta de las amigas* nos dará fuelle, impulso, calorcico, licores y tisanas, musicón, piscina hinchable pinchable transportable, bailes y tropiezos, azoteas y zulos conectados, aguijón y consuelo. Un poco BDSM, sí. «Pelearnos con nosotras mismas cuidándonos a nosotras mismas. Cuidándonos con las otras», dice ella. Sin excelencias, sin superioridades morales ni políticas, sin antagonismos, sin la retórica de la superación que acaba paralizándonos, sin saltos al vacío, crítica y acogedora, erudita y poética. Recorrer *La fiesta de las amigas* me hace sentir más posible en comuna, y me enaltece por tantísimas pensadoras queer que han aportado luz y complejidad para que tratemos de salir todes juntes del atolladero amoroso neoliberal, Mana Muscarsel Isla ya entre ellas. Y como proclama en estas trepidantes páginas: «La loca de los gatos no está sola, está con sus gatos y hay otras locas».

Intromisión

Meternos con nosotras mismas

Hay una sensación de estremecimiento cada vez que somos descubiertas, aun cuando no estemos escondiendo nada. El sueño recurrente de encontrarse desnuda intempestiva y repentinamente frente a otrxs*.

La ropa que desaparece, las extremidades que se desesperan por tapar el cuerpo del que irónicamente forman parte. Esa incomodidad latente, dormida y que

---

* A lo largo del trabajo usaré de manera intencional pronombres singulares y plurales con «a» y «o», y de manera aleatoria e intencional «e», «*», ya que considero que ninguna de ellas logra ser «incluyente» en tanto que nombran particularmente a un grupo, como es el caso de la «e», la «a» o la «o»; el caso del «*» o la «x», que suelen ser transformados en «o» por los dispositivos electrónicos de lectura, también complica las cosas para la lectura en voz alta. Mezclarlas puede ser una forma escurridiza de sostener la incomodidad de lo que continúa siendo un problema.

no es parte de un sueño puede despertarse en cualquier momento raspando el cuerpo que la porta cada vez que a una lesbiana le preguntan por su novio, cada vez que se acerca o se intuye el interrogatorio.

No importa cuán entrenadas estemos en desviar un tema, en contestar con naturalidad, rapidez, seguridad u orgullo, no importa hace cuánto y qué tan fuera del clóset se esté, ese sutil o grave nerviosismo de desconocer la reacción que tendrá la otra persona cuando se le diga, o esa sensación de haber mentido si se evade el tema, se hará presente.

Cuando se sale del clóset por primera vez, el impulso que requiere, que suele ser mucho, se ve detenido por otra puerta. Como otro mal sueño, ese pequeño y al parecer sencillo armario se transforma en una mamushka, que te exige salir, salir y volver a salir hasta encontrar la «solución» de tatuarte una tijera, raparte a un costado o usar una remera que diga «lesbiana».

Aun con la remera puesta, el pelo rapado, en convivencia con otra torta y con una sola cama de dos plazas, la gente exigirá, para poder hablar del tema, para poder «poner sobre la mesa» que no está asumiendo heterosexualidad, que la persona lo diga: que lo confiese. Todas las visibilizaciones de la vida lesbiana que se salgan de la lógica del *coming out* del clóset, del clóset-confesionario, serán leídas como excesos, modos de llamar la atención, autodiscriminación. «¡Ay!, no digas torta, ¿por qué te decís así?».

Estos movimientos, guiados por la incomodidad, van raspando los cuerpos, o, como puntualiza Sara Ahmed (2015), los lesionan por repetición. Así, los cuerpos toman la forma de las normas que se repiten fuerte e insistentemente a lo largo del tiempo, y este trabajoso moldeado pasa desapercibido bajo el signo de la naturaleza. Las normas generan impresiones en las superficies de los cuerpos: repetimos algunos esfuerzos y no otros, hacemos algunos gestos y no otros, así como tomamos ciertas direcciones, dejando a un lado irremediablemente otras. Esto hace que nuestros cuerpos se retuerzan y tomen una forma que habilita cierto tipo de acciones, a la vez que restringe otras. Pasa todo el tiempo y en muchos lugares. Es como si en nuestro trabajo, o en nuestra banda de música o espacio de militancia, experimentáramos a lo largo del tiempo una serie de pequeñas incomodidades y exclusiones sutiles que, aunque pueden parecer insignificantes individualmente, se acumulan afectándonos en el día a día. Opiniones nuestras interrumpidas o atribuidas a otros cuando son reconocidas. Estas acciones repetidas, aunque aparentemente pequeñas, van moldeando nuestra percepción del espacio, y esta presión sutil para adaptarnos termina modificando nuestro comportamiento para encajar mejor.

Autocensuras, moderación de todo lo que creemos podría ser malinterpretado o ignorado. Aunque esto podría parecer una adaptación natural, en realidad está siendo moldeada por las expectativas y normas de género arraigadas y desplegadas en esos espacios.

Si lo llevamos al terreno de la orientación sexual, podemos decir que la *heterosexualidad obligatoria* (Butler, 1990; Rich, 1996) moldea los cuerpos al suponer que un cuerpo puede orientarse legítimamente hacia algunos objetos como amantes y hacia otros no. Al regular y moldear estos acercamientos, se moldea también nuestro propio cuerpo como una «historia solidificada de acercamientos pasados» (Ahmed, 2015, 223).[1] La orientación sexual no solo se trata de la dirección que toma un cuerpo hacia un objeto de deseo, sino de cómo afecta lo que hacemos, los lugares que ocupamos y hacia dónde nos movemos. Para este trabajo nos importa particularmente este punto porque la orientación sexual involucra cuerpos que de manera lenta, y a veces desapercibida, se convierten en mundos y hacen mundos. Aunque no conduzca los cuerpos a los mismos lugares, la imposibilidad de orientarse hacia el objeto «ideal» afecta la manera en que vivimos, los lugares que habitamos y cómo lo hacemos, las formas de amar y de desear; en pocas palabras, nuestros modos de vida.

Me interesa explorar esos mundos, esos lugares y esas formas que son posibles y se inventan a partir de una restricción; que se crean, precisamente, a partir de la imposibilidad de habitar lo esperable. Cuando hay mundos que nos quedan incómodos, otros se abren como trinchera y algunos, como refugio. Si la heterosexualidad obligatoria y el *cistema* patriarcal moldean y restringen nuestros movimientos, el feminismo nos da herramientas para rehabitar nuestro pasado y nuestro propio cuerpo, nos da un lugar a donde ir, nos permite revisar los lugares en los que hemos estado, nos da impulso para menearnos y hacernos lugar.

Haré estos itinerarios subjetivos compartiendo la perspectiva de Heather Love (2007); en este sentido, tomaré algunos de los sentimientos de incomodidad que nos han moldeado y exploraré esos refugios construidos a contramano, sin por ello ubicarlos en una narrativa triunfalista que nos haga pensar que ahora vivimos en un mundo mejor que el de antes. Esta estrategia de Love implica recuperar un pasado que se deja en segundo plano en relatos más optimistas sobre el progreso LGBTNB y, a su vez, requiere reflexionar sobre las exclusiones presentes del modelo triunfalista, como, por ejemplo, la llamada a transformar la vergüenza en orgullo que a veces genera incluso mayores vergüenzas para aquellos sujetos queer que siguen sintiendo pena o culpa aun viviendo en un mundo pos-Stonewall, aquellos «obstinados» que resisten la demanda de reconocer el mejoramiento de las cosas, aquellxs que no pueden estar abiertamente orgullosxs porque hacerlo les costaría la vida.

Imaginemos a una persona de la comunidad LGBTNB que vive en esta época donde el orgullo es celebrado y promovido abiertamente en desfiles mundiales y desde organizaciones internacionales, e incluso puede casarse. Sin embargo, todavía siente vergüenza, miedo o culpa por su identidad, ya que tiene una situación particular familiar o laboral en la que, pese a estos «avances», mostrarse *como es* podría costarle la pérdida del trabajo, su integridad física en la vía pública o lo dejaría al desamparo de su sostén familiar. A pesar de los avances en la aceptación y los derechos LGBTNB, para esta persona la realidad sigue siendo complicada y peligrosa. Expresar abiertamente su orgullo podría afectar su seguridad material, física o emocional. No puede cumplir con los mandatos heterocispatriarcales ni tampoco ser esa persona orgullosa de su identidad gay —digo «gay» en el sentido blanco, flaco, adinerado y hegemónico de la palabra— que comienzan a mostrar las plataformas *mainstream* de contenido audiovisual. Esta situación desafía la narrativa triunfalista de progreso y nos recuerda que, para algunos, las cosas no han mejorado tanto como parece.

Las vísceras tienen inteligencia propia, tienen memoria. Nuestra subjetividad se constituye a partir de estas sensaciones viscerales de incomodidad, aunque ya no ocurran tan a menudo, aunque no toda la gente se espante al escuchar la palabra lesbiana o al ver un cuerpo que no se corresponda con la norma. Existe un registro corporal, un archivo afectivo, una memoria visceral que se enciende, incluso si no podemos identificarla como tal.

Pensaré la afectividad lesbiana, entendiendo las limitaciones y los riesgos que el uso de la categoría «lesbiana», o cualquier otro término identitario, conlleva. Sabemos que hay muchos modos de ser lesbiana. Sabemos que hay lesbianas que no son mujeres, sabemos que hay mujeres que son lesbianas, sabemos que hay lesbianas no binarias, cis y trans, sabemos que hay lesbianas que usan pronombres con «o», con «e», con «a», con todas las vocales anteriores o con ninguna. Referirnos a una sola lesbiana arquetípica, así como a la noción de un solo feminismo de manera singular, no solo resulta problemático, sino inexacto. Por un lado, porque ambos tienen una fluidez de cambio constante, debido en parte a los contextos sociopolíticos y a los devenires en la historia y, por otro, porque encarnan expresiones, discusiones y posicionamientos políticos diversos e incluso contradictorios. Es necesario, por ejemplo, reconocer que las TERF (acrónimo del término inglés *trans-exclusionary radical feminists*), que se han apropiado del término «radical» para construir un sistema argumentativo mediante el cual la identidad de las mujeres o varones trans no es reconocida ni se considera parte de las luchas feministas, forman parte del feminismo. Podríamos pensar en una reterritorialización patriarcal que pretende vigilar, controlar y «policiar» las fronteras sexogenéricas que, por más que rechacemos, es una clase de feminismo contra la que tenemos que combatir.

Parece estar claro para muchos feminismos que la heterosexualidad es más que tener vínculos sexuales con personas del «sexo opuesto» y que la heterosexualidad, o que la heteronorma (término ampliamente aceptado y utilizado por los feminismos mujeriles)* como guion para una vida ideal, plantea mayores exigencias que la simple elección de a quién eliges para tener sexo. Sin embargo, no siempre se hace una lectura similar a lo que sucede con el lesbianismo.

---

* Cuando hablo de «feminismos mujeriles», me refiero al movimiento feminista con una agenda primordialmente cisheterosexual. Percibo una distinción en las reacciones y los usos de los términos «heterosexualidad» o «heteronorma» para referirme al régimen heterocis-sexuado. Es mucho más aceptado o menos controversial referirse a la heteronorma que a la heterosexualidad. Detrás de eso hay un interés en despegar la heterosexualidad de la heteronorma, como si no estuvieran una alentada por la otra.

Me interesa explorar las afectividades lésbicas de manera compleja y crítica, como a Elizabeth Grosz las sexualidades:

> [...] no como objetos categorizados con prolijidad, sino como pasión disparada por la imaginación. Fantasías que desafíen mandatos morales y decretos reguladores. No se trata de invocar un espacio salvaje, una sexualidad y/o afectividad libre o un flujo desterritorializado sino explorar y así estimular formas de afectos que puedan trastornar lo previsible, que se ubiquen en lo social y así funcionen políticamente (Arnés, 2016, 11).[2]

Se trata de imaginar afectividades y sexualidades que desafíen las normas sociales y los decretos que intentan regularlas. No buscar categorías prolijas ni obedientes, sino formas de afecto disparadas por la imaginación: expresiones capaces de trastornar lo previsible, sacudir lo que se considera normal y abrir nuevas posibilidades para construir nuestras realidades.

Debemos recordar que tales afectividades son desviadas, es decir, tienen caminos que no son rectos, y por ello son complejas. Reconocer esto, sin embargo, no implica un entendimiento total. Vastos son los estudios que hay con respecto a la educación sentimental «femenina» o que reciben «las mujeres», pero no sucede lo mismo en relación a lo lesbiano específicamente. La educación sentimental se refiere a cómo aprendemos a desear y expresar afectos según lo que se premia, castiga o se toma como ejemplo. No existe, hasta el momento, durante la infancia y la adolescencia, una educación sentimental especialmente dirigida a las lesbianas. La educación en este sentido es heteronormativa.

Ahora bien, en el cuento que nos contaron (y que luego nos contamos) de cómo sería nuestra vida (en mi caso estudiar, tener novios, recibirse, lograr una pareja estable, tener hijes, después separarse, o no, y que les hijes den nietes que mimen en la vejez) deja de tener sentido cuando se saca al varón cis procreador de la ecuación narrativa. Una incongruencia en la historia que hace cortocircuito y nos permite, en el mejor de los casos, dudar sobre si las cosas podrían ser de otra manera. Puede ser enamorarse de una chica, puede ser querer ser futbolista profesional, puede ser querer ser padre y no madre; incongruencias narrativas que nos pueden sacar del pacto ficcional*. Cada incongruencia es una posible fuga.

---

* El pacto ficcional, en literatura, es el pacto implícito entre lector* y autor*, en virtud del cual, quien lee está dispuest* a aceptar los hechos narrados en la obra de ficción como verdaderos. Quien escribe inventa una realidad y l*s lector*s no solo la creen, sino que también la sienten y la viven. El pacto no se sostiene de cualquier manera; los hechos, por más

Paul Preciado define en *Testo yonqui* como *programación de género* a:

> una tecnología psicopolítica de modelización de la subjetividad que permite producir sujetos que se piensan y actúan como cuerpos individuales, que se autocomprenden como espacios y propiedades privadas, con una identidad de género y una sexualidad fijas. La programación de género dominante parte de la siguiente premisa: un individuo = un cuerpo = un género = una sexualidad (Preciado, 2008, 90).[3]

Cada género tiene asignada una educación sentimental diferenciada; ahora bien, la educación sexual y sentimental que reciben las personas programadas mujeres es «femenina», pero por más que seamos programadas de determinada manera, existen distintos grados de internalización de la norma que se traducen en cómo encarnamos, o no, estos mandatos o estas «lecciones» que se disputan en la vida diaria (Ahmed, 2018b). El *cistema* falla, tiene fisuras, fugas, *glitches*: podemos pensar que una chonga probablemente ha desobedecido muchos mandatos y ha accedido de forma marginal a otra educación sentimental. Probablemente ha invertido más tiempo en juegos de acción

---

fantásticos que sean, deben guardar una congruencia ficcional de tal forma que no saquen al lector de la historia.

y menos en juegos de palabras, de muñecas, revistas, etc. De un modo similar, una marica que se ha mantenido al margen de los juegos de acción tal vez ha practicado más disfrazarse, el arte de la conversación en las fiestas de té o la cocina. Esto también nos conforma subjetivamente.

Del extenso currículo de la educación sentimental, quiero hacer hincapié en el amor, un dispositivo que funciona como un conjunto multilineal y articulado; una maraña de símbolos, prohibiciones, recomendaciones, enseñanzas, bromas y humor, premios y castigos que se sostiene en un discurso que genera subjetividad y ordena prácticas, que tiene y produce materialidad; es decir, que no solo «habla», sino que, cuando lo hace, actúa. En términos foucaultianos, podemos entenderlo como un discurso que comprende un conjunto de enunciados y prácticas que delimitan lo que se puede decir, ver, hacer y pensar en una determinada época. Voy a trascender la crítica al amor romántico, es decir, dejar de diferenciar al amor romántico del *amor verdadero y bueno* para poder hablar del discurso del amor en su complejidad. Quiero ir más allá de pensarlo como un sentimiento, propongo comprenderlo como discurso y dispositivo. Voy a pensarlo como un modelo emocional hegemónico occidental que se consolida en la modernidad y va transformándose y reforzándose hasta nuestros días; una construcción y una expresión cultural de las emociones que tienden a enfatizar el amor por sobre todas las cosas, anteponiéndolo no solo por sobre los demás afectos, sino también por sobre todas las demás esferas de la vida (Esteban, 2011).

Así como no voy a hacer una diferencia tan clara entre el amor romántico y los demás amores (el amor bueno, el amor feminista, el amor filial, etc.), vamos a tener una noción más compleja de la lesbiandad donde el sujeto lesbiano no es una mujer que ama a otra mujer. Voy a explorar los cruces del dispositivo amoroso y el lesbianismo teniendo en cuenta que, desde el ya popular enunciado de Monique Wittig en 1979 «las lesbianas no son mujeres», los contornos de la experiencia e identidad lesbiana han atravesado innumerables formas y desarrollos. El «sujeto lesbiano» puede pensarse, entonces, como un «sujeto excéntrico» (De Lauretis, 2014),[4] indisociable de un movimiento que conlleva un desplazamiento y un autodesplazamiento constantes porque implica abandonar un lugar que es conocido y que funciona como hogar, ya sea física, emocional, lingüística o epistemológicamente, y cambiarlo por otro que es totalmente desconocido y en el que hablar y pensar son tentativos, inciertos, no autorizados. Voy a pensar a las lesbianas como habitantes de un lugar incómodo y vivo, con tierras movedizas que a veces tiemblan y a veces sucumben.

Un territorio que algunas veces da la sensación de hundirse y otras, la diversión de una samba. En este nuevo lugar todos los aspectos del desplazamiento, desde el geopolítico al epistemológico y el afectivo, no pasan desapercibidos, se sienten; implican arriesgarse porque conllevan un vaivén, un deambular y una redefinición de las fronteras entre cuerpos, discursos, identidades y comunidades.

En este vaivén a veces nauseabundo, en este deambular sin rumbo prefijado, es posible (re)inventar los afectos, desestabilizar la estructura canónica del deseo, perturbar los modos hegemónicos del eros ficcional (Arnés, 2016). Básicamente, hacer alguna cosa distinta de la que nos enseñaron.

Los cuerpos lesbianos permiten la generación de un sitio incómodo desde el cual es posible proponer afectividades disidentes. Sin embargo, coincido con Butler (2000, 85-109) en que prefiero no tener claro qué significa «lesbiana» y reconozco el peligro que conlleva la utilización de cualquier categoría identitaria capaz de crear sentidos que cierren lo que debe ser una lesbiana o, incluso, una afectividad lésbica. Así como reconocemos el peligro y habitamos la incomodidad de seguir pensando la lesbiandad, me parecen pertinentes las palabras de Gayle Rubin (1989) cuando señala que nuestras categorías son importantes; el hecho de que indefectiblemente tengan filtraciones y que nunca puedan contener todo lo relevante no las hace inútiles, sino limitadas.

Tomaré el término «lesbiana» con las tres acepciones que encuentra Laura Arnés:

> como un estado inherente a ciertos cuerpos lesbianos; como el erotismo, el sexo o la sexualidad entre mujeres, lesbianas y, agrego yo, bisexuales; y como un estado ético-político con implicancias emancipatorias imprescindibles para desestabilizar la aparentemente incuestionable continuidad de la categoría «mujer»(2016).[5]

Usaré entonces el término lesbiana como *locus* de efectos y afectos sociales, en cuyo entorno se generan vínculos, se instituyen deseos, se construyen identidades, se establecen valores, se dibujan cuerpos y discursos. Un término que pide ser interrogado y habilita la problematización de esos efectos y afectos.

En algunas ocasiones hablaré de comunidad o personas queer y lo haré siguiendo la línea de Carolyn Dinshaw (2001, 202-212), que toma la expresión «conexiones parciales» (Haraway, 1995)[6] para pensar las aglutinaciones de un tipo de colectivo queer. Las conexiones parciales son patrones donde les participantes no son ni la totalidad ni la parte. Esta parcialidad nos permite considerar que no existe una identidad esencial que funcione como común denominador de la comunidad queer y que justamente esta falta es la que posibilita otro tipo de relaciones basadas en los afectos del presente y en los aislamientos compartidos. No existe tal cosa como la identidad queer, porque justamente lo queer se opone a la idea de identidad; sin embargo, entendemos un poco cuando se dice que alguien o algo es cuir. Como dice José Esteban Muñoz, «nunca fuimos queer pero lo queer existe para nosotrxs como una idealidad que puede destilarse a partir del pasado y usarse para imaginar un futuro» (2020, 29).[7] Así, se puede pensar en una historia queer libre de los mecanismos de la identificación, la semejanza o la filiación. Un tipo de conexión que no está posibilitada por una identidad compartida, sino por una soledad compartida. Y esto, dice Dinshaw, es un oxímoron, como lo es la comunidad queer. Se trata de una identidad que no tiene una definición positiva sino que es una posición respecto de las normas. Será también en estos sentidos que hablaré de «vidas no normativas».

Solo es posible pensar lo lesbiano y lo queer desde la *baja teoría* propuesta por Halberstam:

> un saber teórico que opera en varios niveles a la vez, precisamente como una de esas formas de transmisión que se muestra en los desvíos, nudos y giros entre el saber y la confusión, y que no busca explicar sino implicar (2018, 27).[8]

No explicar sino implicar significa no intentar saber para rendirle cuentas a nadie, sino otorgar un significado significativo a una experiencia propia. No se trata, por ejemplo, de inventar categorías o definiciones para que el resto pueda entender. Tampoco de tener una explicación fácil y concreta para darle a nuestras familias o a quienes preguntan y resolver la cishetero incógnita del «pero ¿qué sos?». Mantener una actitud de humildad ontológica hacia estas categorías, no tener demasiadas certezas al respecto, puede colaborar a dificultar que la ideología neoliberal los coopte generando efectos paralizantes (Esteban, 2020, 64).

Baja teoría como modelo de pensamiento en el que la teoría no es un fin en sí mismo, sino, en palabras de Stuart Hall, «un desvío en el camino hacia algo más» (1991, 43),[9] que es un modo de accesibilidad, pero también disputa las jerarquías de saber que sostienen la superioridad de la alta teoría. Escribir buscando implicarnos y no explicarnos es hacerlo desde el desconcierto:

> considerar la utilidad de perdernos, en vez de encontrar un camino, y así evocar un paseo benjaminiano*, o una deriva situacionista, un deambular

---

* Benjamin hablaba sobre la noción de «*flâneur*», un término francés que describe a alguien que deambula por la ciudad de

por lo imprevisto, lo inesperado, lo improvisado y lo sorprendente (Halberstam, 2018).[10]

Y es en este sentido que este ensayo se articula en términos de lectura, ya que:

> leer, en mayor o menor grado, no consiste en obliterar la diferencia, sino en desmontarla, en presentarla como un *efecto de diferencia*, del cual es posible conocer su funcionamiento, pero sin nunca llegar al texto. Así, el texto es un producto de un sistema de categorías literarias preexistentes y la transformación de ese mismo sistema; el nuevo texto modifica la propia combinatoria de la que es producto (Halberstam, 2018).[11]

De este modo, no ilustramos los conceptos, sino que los usamos haciendo, a su vez, texto. Quien lee, más que a un detective, se parece a una adivina; no pesquisa oculto y a lo lejos ni tiene la necesidad de resolver un caso, sino que, como la adivina, pregunta algunas cosas, agudiza los sentidos, arriesga sensaciones, dibuja zonas de lectura en las que consulta: «En lugar de develar el misterio lo mantiene vivo en su extrañeza» (Cabrera, 2015).[12] Toda lectura comienza con un gesto que viene acompañado de una cierta perturbación,

---

manera ociosa, observando y reflexionando sobre su entorno y permitiéndose explorar lo inesperado y lo desconocido.

leemos desde la renuncia a cualquier presupuesto inicial absoluto. Como repite Roland Barthes, la lectura es una práctica antes que una exégesis y esta práctica no puede ser sino política.

En tal sentido, este texto pretende llamar la atención sobre nuestra repetición cansina de «lo personal es político». Por momentos pareciera que lo personal se reduce a con quién tenemos sexo, a la reproductividad o a la violencia de género que sufrimos. Dejamos de pensar en qué más es «lo personal» o qué de «lo personal» es político, el papel que ocupan las emociones y el que ocupamos nosotras en nuestras redes de afectos. Entrometernos, preguntarnos: ¿en qué consiste el deseo?, ¿de qué hablamos cuando defendemos *nuestro* deseo? Lo político no es sencillamente defender nuestros deseos, sino reconocer que nuestros deseos son políticos y no por ello necesariamente defendibles. Si entendemos al deseo, como proponen Deleuze y Guattari, como proceso, producción y producto, una máquina que funciona y es concomitante con la máquina heterociscapitalista, podemos movilizarnos, no solo hacia «afuera» (visibilizarnos, disputar representaciones, posibilidades, espacios, derechos y sentidos), sino también hacia «adentro», agitar las placas tectónicas de nuestra subjetividad, usar el filo doble del labris para penetrar, también, ese lecho de rocas que parecería infranqueable.

Podemos hacernos preguntas similares con la consigna «la maternidad será deseada o no será» que está tan en boga desde 2018, usualmente ligada al derecho al aborto. No hay nada sagrado en los deseos, o justamente al contrario, son sagrados porque no son nuestros. Si la gran mayoría empieza a querer gestar en un determinado momento vital, ¿no deberíamos sospechar que es un deseo al menos poco original, en el sentido de poco genuino, poco propio?, ¿qué más está diciendo esta consigna?, ¿qué está callando esta consigna?

Podemos también preguntarnos cómo acompañamos a esas maternidades arrepentidas, desencantadas, sobrepasadas, que en algún momento estuvieron dentro de la consigna maternidad deseada y sin embargo y sin embargo. Es necesario hacer continuamente un doble movimiento: por un lado, poner en valor las emociones, las contradicciones, los afectos y, por otro, como señala Ro Feltrez, salirnos de la «vidita», enmarcar el conflicto en el horizonte de posibilidades, de tristezas, dolores y alegrías vividas y por vivir en un espacio-tiempo histórico particular para poder avivar la dimensión política y también aliviarla. Ubicarnos lejos del imperativo que nos gobierna y hace de nuestras vidas una fábrica de cajitas coleccionables de experiencias personalísimas para las que el *coaching* y las autoayudas prometen una solución inmediata e individual (Feltrez, 2018).

Salirnos de la vidita estando en la vida vivas.

No meternos en nosotras mismas sino meternos con nosotras mismas.

Me interesa que nos quedemos en estos terrenos barrosos, donde lo micro no pierde politicidad, donde lo íntimo se vuelve público, donde trabajar sobre lo singular y lo subjetivo no se vuelve una política neoliberal del yo, donde querer «ser mejores», o que nos duela menos, o que el mundo nos sea un lugar menos incómodo, no nos convierta en empresarias de nosotras mismas. No conformarnos con el presente, exigir más que el aquí y ahora. Para delinear estas formas que rechazamos, me interesa tomar a Audre Lorde y a Sara Ahmed, que las contraponen con el autocuidado. Lorde se diferencia de las políticas neoliberales orientadas al yo y dice: «Cuidarme no es autocomplacencia, es autopreservación y este es un acto de guerra política» (Lorde, 1988).[13] Si entendemos que lo personal es estructural y una estructura puede golpearnos hasta dejarnos un moretón, «la supervivencia se hace, pues, un proyecto feminista compartido» (Ahmed, 2018b, 320).[14] La danza me ha dado herramientas para este proyecto: pienso en la mirada periférica como herramienta para sostener la tensión entre lo micro y lo macropolítico. Una forma de mirar que extienda el campo visual, que permita ver sin mirar, que tenga la capacidad de atender de manera sensible el derredor sin perder el foco del centro del propio cuerpo, que nos permita caminar, correr o rodar por el mundo sin chocarnos (tanto) con otrxs.

A partir de esta perspectiva, pensar las afectividades lesbianas desde lo personal es también un acto político, de convivencia con les otres, que genera posibilidades encarnadas de habitar, desde los feminismos, el mundo en común.

Así, en el primer capítulo presentamos un breve recorrido por las críticas feministas al amor y analizamos al amor como un dispositivo que perpetúa un orden jerárquico, trasciende la sexogeneridad y tiene, a su vez, efectos performativos que operan de manera diferencial en los cuerpos sexuados. Luego, en el capítulo 2 exploramos las existencias y afectividades lesbianas, haciendo una crítica a la monogamia e hincapié en el lugar de la pareja como institución privilegiada del dispositivo amoroso. Por último, en el capítulo 3, nos centramos en la dimensión temporal, específicamente en la crononormatividad, en cuestionar cómo nos tomamos el tiempo para ensayar modos de pensamiento por fuera de la pareja y la familia, haciendo foco en los cuidados, los placeres y la amistad.

Escribo este ensayo como lesbiana, cuir, no mujer, promiscua; como persona blanca, endosex, con pasado heterosexual, flaca, de clase media, sudaca; como migrante interna que vive en la Ciudad Autónoma de Buenos Aires hace más de una década, que disfruta más cuando le dicen «capo» por la calle que cuando le dicen «linda», pero que siente simpatía por los pronombres con «a». Escribo desde las experiencias que se me posibilitan a partir de esta manera de habitar el mundo, como feminista desconcertada, como alguien que no se imagina teniendo hijxs, como alguien que procura no narrarse cronológicamente a partir de sus noviazgos, como alguien que cuestiona la monogamia pero quiere hablar de las dificultades que ello implica, como alguien que no ha convivido ni desea convivir en pareja, que se emociona con las historias de amistad, que puede ver que están pasando cosas que no son contadas, que cree que necesitamos de otras historias; alguien que, sin terminar de entender qué significa la palabra «amor», sospecha que por momentos necesitamos deshacernos de ella. Como alguien que tiene miedo a quedarse sola y atraviesa los 30, que recibe diariamente fotos de ecografías y de bebés en los grupos de WhatsApp, como alguien que solía preguntarse «¿quién va a cuidar de nosotras cuando seamos viejas?» y que ahora se pregunta «¿cómo nos cuidamos entre nosotras?».

Capítulo 1

La lluvia del amor
Una excusa pegajosa

Maldigo el vocablo amor con toda su porquería.

Violeta Parra

Hagamos un juego: tómense el tiempo, cronometren tres minutos para pensar en cinco canciones que no sean de amor o desamor. Hagan esa lista. No importa si no recuerdan el título o artista.

Probablemente no haya sido tan fácil encontrar las canciones, probablemente cuando buceábamos en nuestra memoria musical una y otra vez alguna canción romantica de amor o desamor interrumpía. Mi estrategia personal para poder encontrar las canciones que no son de amor es buscar en mi biblioteca mental por tópico, por ejemplo, canciones revolucionarias o de protesta, canciones infantiles, y hasta me parece difícil encontrar categorías que escapen al amor. Se me ocurren algunas. No mucho más. Sin embargo las hay.

El discurso del amor está omnipresente, tanto que a veces cubre y opaca lo demás. Hay otras canciones, hay otros relatos, solo que entre la muchedumbre amorosa y rimbombante pasan desapercibidas.

El amor es una excusa

Varias feministas, sobre todo estadounidenses y europeas, se han ocupado de revisar el amor, de mostrar sus contradicciones y las consecuencias en la vida de las mujeres, y de ofrecer testimonio de vínculos de amor libre desde el siglo XVIII hasta nuestros días. Durante el siglo XX, reconocidas autoras como Margaret Mead y Simone de Beauvoir desarrollaron algunas nociones sobre el amor, pero fue Kate Millett, en su consagrado ensayo *Política sexual*, quien a mediados de la década de 1970 lo puso en jaque al describirlo como un instrumento de manipulación emocional que contribuye a sostener el orden patriarcal que los hombres pueden explotar libremente, ya que el amor es la única condición bajo la que se autoriza moralmente la actividad sexual de las mujeres. Y que, en este sentido, es cómodo para ambas partes, pues es el único estado en que las mujeres se permiten a sí mismas, y les es permitido, superar su inhibición sexual. Agrega que el amor contribuye también a encubrir el verdadero estatus femenino, tanto como el peso de la dependencia económica.

Es interesante que ya en los años 70 se dimensiona la idea del amor como un dispositivo de control para las mujeres que funciona como instrumento de sometimiento, como condición habilitante para tener sexo y que contribuye a perpetuar e invisibilizar la violencia económica.

Estas afirmaciones incisivas continúan en 1984, cuando en una entrevista se le pregunta a Kate Millett qué ha supuesto el amor en su vida, y ella responde que el amor significó gran parte de su vida, que conoció el amor heterosexual y el homosexual y que, como lesbiana, conoció la persecución, la maledicencia y el maltrato. Sentencia:

> El amor ha sido el opio de las mujeres, como la religión el de las masas. Mientras nosotras amábamos, los hombres gobernaban. Tal vez no se trate de que el amor en sí sea malo, sino de la manera en que se empleó para engatusar a la mujer y hacerla dependiente, en todos los sentidos. Entre seres libres es otra cosa (Millett, 1984).[1]

Otra de las dimensiones que debemos destacar en esta cita es que Millett no se reconoce por fuera del amor, aunque sea una de las voces que con más énfasis lo cuestionan. Ahora, cuando habla de seres libres podemos preguntarnos a quiénes se refiere, ¿a las lesbianas? ¿Y cuál sería esa otra cosa? Quizás no haya seres libres y la otra cosa sea más parecida a esta de lo que deseamos.

En 1976 Shulamith Firestone publica *La dialéctica del sexo*, donde afirma muy lúcidamente que un libro que trate sobre el feminismo radical y no trabaje sobre el amor sería un fracaso político. El amor es el baluarte de la opresión de las mujeres. Por eso, el solo hecho de estudiar el amor y las mujeres constituye por sí mismo una amenaza. En este sentido, si bien Firestone analiza temas centrales de la época, lo que vuelve indispensable a su escrito, aún hoy, es que analiza el amor desde una perspectiva feminista.

Sin embargo, en la década siguiente, la crítica feminista en torno al amor se debilita. Para explicar este fenómeno, Wendy Langford (1999) hace referencia al surgimiento de las políticas de la identidad y de la resistencia feminista lesbiana que, si bien sirvieron para reflexionar sobre el hecho de que no todas las mujeres eran blancas, heterosexuales y de clase media, indujeron también a vincular lo perjudicial de las relaciones heterosexuales con la heterosexualidad misma. No se percataron de que los modos afectivos de la pareja y del discurso amoroso, aunque fueran de lesbianas, en algunos aspectos reproducían lógicas similares. En otras palabras, ignoraron que decirle que sí al lesbianismo no era decirle que no al poder. Si bien cada vez hay más modos de cambiar de objeto de deseo, no pasa así con las formas. Se pueden reproducir los modos heterosexuales aun no siendo heterosexual. Desviarse del camino ideal sin desorientarse nunca.

Por su parte, Naomi Weisstein (2002) sostiene que para las feministas norteamericanas y europeas se volvió más respetable escribir sobre sexo que sobre amor, por lo que nunca se metieron de lleno políticamente con el amor heterosexual. Hubo dos corrientes que rozaron el problema: una de ellas prescindía de los hombres de manera tajante y tenía una narrativa idealizada sobre lo asombroso y revolucionario del amor entre mujeres, un amor prístino, puro, lesbiano, inmaculadamente feminista; la otra corriente sostenía que los hombres estaban cambiando y, entonces, no tenía sentido pensar en ello ya que las feministas inteligentes debían tener la capacidad de encontrar para sí uno de esos «hombres nuevos», convirtiéndose así en tabú el tema del amor heterosexual y sus vicisitudes.

Con respecto al problema del amor, la teoría feminista no se ha comportado de modo tan distinto a las corrientes teóricas académicas (es decir, que a diferencia de lo radical que fue en la producción de pensamiento en otras áreas, en la del amor se quedó igual de varada que en las «ciencias»). Mientras que sobre sexualidad se ha producido teoría desde la medicina y la psicología (Freud, Kinsey, Masters y Johnson, etcétera) y desde las ciencias sociales (Foucault, Rubin, Butler, Preciado, por nombrar algunxs), del amor se ha escrito poca teoría crítica y ha sido sobre todo heterosexual (lo retoman autores como Badiou, Baumann, Žižek, Esteban, Lagarde, Hooks, por mencionar algunxs). Sin embargo, el concepto ha permanecido desperdigado y omnipresente en el ámbito público, la cultura, el arte, las demostraciones afectivas (heterosexuales), la música o el cine.

En *Calibán y la bruja*, Silvia Federici se detiene particularmente en los modos en que el despliegue del discurso moderno sobre el amor ha servido para validar la explotación de las mujeres:

> Todo esto se hace invisible por lo que se llama amor. El capitalismo también se ha apropiado y ha manipulado la búsqueda de amor, de afectividad y de solidaridad entre todos los seres humanos; lo han deformado, usándolo como una medida para extraer trabajo no pagado. Por eso yo escribí: «Eso que llaman amor, nosotras lo llamamos trabajo no pagado» (Federici, 2015).[2]

Es indispensable reflexionar sobre esta dimensión que señala Federici, y de la que ya habíamos hablado junto a Millett, no porque eso que «llaman amor» tenga que ser necesariamente remunerado, sino porque necesitamos quitar el manto invisibilizador de opresiones y violencias que laten en esa construcción discursiva que atraviesa ideologías políticas y religiosas e incluye también a los pensamientos feministas, lesbianos y transfeministas. Sobre este último punto, es interesante recordar los sucesos y repercusiones a partir de las jornadas sobre feminismo porno-punk celebradas en Donostia, España, en junio de 2008, organizadas por Arteleku y coordinadas por Paul B. Preciado. Una vez terminadas las jornadas, el sociólogo y activista queer Javier Sáez escribió en su blog una serie de reflexiones que comenzaban así: «¿Es el amor heterosexual?».[3] Y de la mano de Foucault se preguntaba:

> si la retórica del amor no es sino otro discurso y otra práctica más que hemos adoptado desde el régimen heterosexual. En todo caso, es un discurso totalmente inofensivo y domesticado, algo que no molesta en absoluto al sistema patriarcal y homófobo. Por el contrario, los bollos, las maricas e incluso los trans son mucho mejor digeridos y aceptados cuando tienen pareja («qué chicos más sanos, ya no son promiscuos») y sobre todo cuando proclaman su amor (Saez, 2012).[4]

A fines de la primera década del siglo XXI, se le seguía pensando como algo universal, ahistórico, intrínsecamente bueno, humano y positivo. Pero quizás, como señala Sáez, no exista tal cosa como «el amor» en singular, el amor ahistórico, el amor sin relaciones de poder, de clase y de raza. «Quizá se puede vivir sin amor», concluye, pero quizá «es más complejo de lo que suponemos».[5]

Ahora bien, además de la potencia que tiene el texto en sí mismo por poner en jaque al discurso del amor y a la escasa perspectiva crítica de las disidencias sexuales al respecto, las repercusiones que tuvo no fueron otra cosa que síntoma de lo que nombraba. Tanto grupos como personalidades porno y posporno, Paul B. Preciado y Virginie Despentes, entre otrxs, reaccionaron al texto como una acusación personal –y no por ello política–, respondiendo con un marcado enojo, defendiendo el amor, el amor no romántico, el amor queer. Llamar la atención sobre el tratamiento que se le dio al amor, en este caso, aguó la fiesta queer*.

En la revisión sobre las producciones críticas feministas del amor de *Crítica del pensamiento amoroso* (Esteban, 2011) se llega a tres conclusiones: 1) que

---

* «Aguar la fiesta» es una expresión que utiliza Sara Ahmed (2019; 2017) a partir de la figura de la «feminista aguafiestas», aquella que causa infelicidad a partir de mostrar incomodidad, su propia desdicha o señalar que algo está mal. La amargada, la que no sonríe entre les sonrientes, la que arruina la foto, incluso, a veces, la foto queer.

desde los primeros feminismos se ha atendido a las consecuencias negativas de las convenciones amorosas para las mujeres, produciendo teoría y procurando modos de vida alternativos en relación a ello; 2) que los análisis siempre han privilegiado las relaciones heterosexuales; y 3) que hay un déficit de producción teórica respecto al tema, si se compara con asuntos como la sexualidad, la violencia o el trabajo, por citar algunos ejemplos. Como veremos más adelante, este déficit se acrecienta cuando enfocamos el análisis en las relaciones o las afectividades entre lesbianas, especialmente en lo relativo a las producciones existentes sobre las violencias, opresiones o la visibilización de la existencia lésbica.

En contraste, fuera del ámbito académico contamos con más producciones que abordan la temática, sobre todo llegando al 2000, con textos como *Ética promiscua*, de Easton y W. Hardy; *Ética amatoria del deseo libertario y las afectaciones libres y alegres*, de Ludditas Sexxxuales; *Foucault para encapuchadas*, de Manada de Lobos; o las publicaciones de Brigitte Vasallo, el propio Javier Sáez o Paul B. Preciado en el blog *Parole de queer*. Más recientemente, a partir de 2020, aparece la colección (h)amor, con compilaciones varias sobre la temática, y el libro *Superemocional*, de la editorial española Continta Me Tienes.

En la actualidad hay un florecimiento de la producción teórica y de la divulgación de las prácticas poliamorosas, de amor libre o de no monogamia, pero continúan al margen los análisis y cuestionamientos al amor y a la pareja, más allá de la apertura de las relaciones sexoafectivas. Esto se nota, por ejemplo, en que la asexualidad y el arromanticismo continúan significativamente invisibilizados. Estos aspectos del heterocapitalismo que implican vivir una vida en pareja o en una sucesión de parejas para sobrevivir –para orientarse a la felicidad– suelen quedar en segundo plano del análisis, u opacados por el protagonismo de la diversidad sexual exclusivamente en términos de orientación.

Nadie se atreva a tocar a mi amorcito.
Amor, odio, *poteito*, *potato*

–¿Y tú crees para ti en el amor?
–No, pus, niña. ¡Qué ordinario! Si
hasta los pacos se enamoran.

PEDRO LEMEBEL

a las mujeres
nos enseñaron a anteponer
la felicidad ajena: tu
felicidad es mi felicidad.

A las personas programadas mujeres nos toca la peor tajada de la distribución amorosa. ¿Por qué, aun así, para gran parte del feminismo, al igual que para el resto del mundo, el amor sigue siendo incuestionable?, ¿por qué sigue formando parte de nuestras consignas?, ¿por qué el mundo parece tambalear cuando alguien cuestiona el amor?

Alain Badiou (2012) plantea una diferencia y una contraposición entre la construcción fundada en la amistad y la fundada en el amor. Entiende que las relaciones centradas en la amistad tienen un devenir político, mientras que las amorosas solo posibilitan la construcción de un mundo particular de la pareja que se abre solo a las personas «enamoradas», que además está escindido del mundo y no permite la posibilidad de transformación política.

En este sentido, la diferencia que existiría entre la amistad y el amor es de proyecto y no de intensidad. Mientras que la amistad posibilita el intercambio de experiencias del mundo entre diferentes, el amor implica dualidad, la construcción de y entre dos (¿y a lo sumo tres?), y esto tiene como uno de sus efectos principales la imposibilidad de crear comunidad. Para Badiou, hay una tensión insalvable entre el amor y la política, de tal modo que dentro de una comunidad se podría generar un amor, pero no se fundiría en ella, como logra hacer la amistad.

Mari Luz Esteban describe esta dualidad como una tensión cardinal en la cultura occidental que se da entre el amor y el individualismo, y que configura nuestras existencias. Hay una tensión constante entre el deseo de amor y la tendencia al individualismo. Esto significa que, a medida que nos volvemos más individualistas, también sentimos una mayor necesidad de amor, o nos quejamos más de su ausencia.

Cuanto más tendemos al individualismo, más reclamamos el amor (o lamentamos más su imposibilidad); cuanto más imperceptible es la jerarquización entre grupos de personas definidas como diferentes (pobres/ricxs, mujeres/hombres, negrxs/blancxs, homosexuales/heterosexuales...), más se proclama el amor como algo que está por encima de las diferencias. Y al mismo tiempo, somos menos conscientes de que, en realidad, estar «haciendo el amor» es unir a tipos de personas que ya estaban siendo previa y paralelamente construidas como diferentes y que, por lo tanto, pueden partir de esa relación desigual de poder y sostenerla. Cuando proclamamos que el amor está por encima de estas diferencias, nos olvidamos de que sí existen y de que el amor, a veces, solo las une superficialmente, sin cambiar la desigualdad real entre las personas, e incluso puede reforzar ese desbalance de poder.

Esta paradoja, dice Esteban, despista, ofusca y seduce a diversos sectores políticos, entre los que se encuentra el movimiento feminista y LGBTNB, cuando reivindican el amor como herramienta, como reclamo y como alternativa a las desigualdades y a las violencias que justamente están sobreviviendo gracias al alimento balanceado del amor.

El discurso amoroso invisibiliza las diferencias de poder, distorsiona la bidireccionalidad de la reciprocidad e impide el reparto del trabajo y la riqueza. En el mejor de los casos, y por breves momentos, si logra distribuir algo, solo lo hace entre dos.

Pareciera que el dispositivo del amor funciona como obstáculo para el reconocimiento del otrx. Las peores violencias e injusticias se cometen en nombre del amor, de las buenas intenciones y de los cuidados. A veces las consecuencias de los actos de amor no son solo subjetivas, sino también materiales. Mauro Cabral, activista intersex, explica en un texto que publicó para el 14 de febrero (Día de San Valentín o Día de los Enamorados) que, para justificar la mutilación genital intersex, uno de los argumentos más usados es el amor, ya que el discurso dirigido a las personas intersex desde un primer momento es que si sus cuerpos no son «normalizados», nadie va a amarles nunca. «Es así como las personas intersex aprendemos todos los días y en todas partes la misma lección: tenemos la obligación de pagar con nuestros cuerpos el precio del amor ajeno».[6]

Con esta noción en mente, respecto al precio que pagar por el amor, resulta útil traer las reflexiones de Sara Ahmed en torno al amor y a la felicidad. Ella toma las definiciones de amor de Robert Heinlein, quien lo describe como «una condición en la cual la felicidad de otra persona es fundamental para la propia»[7], y de Gottfried Leibniz, «amar consiste en verse llevado a complacerse ante la perfección, bien o felicidad del objeto amado»[8], y analiza el enunciado «soy feliz si tú eres feliz»:

> El enunciado no requiere un objeto que medie entre el «yo» y el «tú»: el propio tú puede ser el objeto del que dependa mi felicidad. Por consiguiente podríamos reescribir el enunciado como «solo seré feliz si lo eres tú». Y si solo puedo ser feliz si tú lo eres, si eres infeliz yo habré de serlo. Seré infeliz si lo eres tú. [...] Por ende, podrías sentirte en la obligación de ocultar tu infelicidad para proteger

mi felicidad. Tienes el deber de ser feliz para mí (Ahmed, 2019, 198).[9]

Esta condicionalidad de la felicidad sucede con aquellos a quienes amamos. Si la felicidad es una técnica de reorientación, su motor es el amor. Si les xadres renunciaron a su felicidad por la de sus hijes, entonces devolverla se vuelve un deber. Podemos pensar en el común enunciado «yo no quiero que mis hijes sean gais porque van a sufrir». Es performativo. Cuando una madre dice «no quiero que seas lesbiana porque vas a sufrir por serlo», la hija sufre porque es lesbiana y su madre no quiere que lo sea.

Esto no solo sucede con el amor entre humanes, la capacidad que se les atribuye a los perros de «amar incondicionalmente» también trae muchas veces consecuencias materiales y letales para ellxs, lo que Donna Haraway llama narcisismo humanista tecnofílico. Lo describe como un tipo de neurosis que consiste en realizarse a sí mismo llevando a cabo sus intenciones a través de sus herramientas, como los animales domésticos o los ordenadores (e hijxs, agrego yo), y frustrándose y desechándolos cuando estos no cumplen sus expectativas. Por ejemplo, cuando un perro falla en su entrega de fantasía de amor incondicional mordiendo a un niñx, corre el riesgo de ser sacrificado (Haraway, 2017).

El amor incondicional de la familia también se termina cuando una hija decide vivir su vida no cisheterosexual; se produce una inversión de esta supuesta incondicionalidad: no es que el padre tenga que querer a su hija aun siendo travesti, sino que la hija debe abandonar su deseo para cumplir el de su familia. Si no lo hace, deja de ser incondicional para ellxs y entonces debe partir, desterrarse de la familia, ya que no los ama tan incondicionalmente como para amoldar su vida a las expectativas familiares. Dicho en otras palabras, la incondicionalidad se le exige solo a quienes se desvíen de la norma.

¿Qué pasaría si quitáramos el manto que cubre la operatividad del amor mediante un orden social jerárquico que trascienda la sexogeneridad?

Si bien no hay dudas de que hablar el lenguaje universal del amor nos hace comprensibles y nos da una sensación de seguridad, también es cierto que nos vuelve monolingües, pues dejamos de hablar otras lenguas y nos quedamos aisladxs. Dice Sáez:

> Aprendemos a sentir y a desarrollar afectos bajo el referente de «el amor». Como si fueran las únicas gafas de que disponemos para ver el mundo, para sentir, para establecer vínculos, para vivir en sociedad. Todos monolingües, hablando el lenguaje universal del amor. Pero hay más lenguas, la política se

escribe desde lo intraducible, desde lo incomunica-
ble, desde códigos secretos que tenemos que inven-
tarnos. Babel contra el amor. El amor nos vuelve
codificables, comprensibles, integrables, normales.
La subversión pasa por otro sitio: que no sepan qué
idioma hablamos (Sáez, 2012).[10]

Es ese sitio de lo intraducible el que nos permitiría
pensar afectividades disidentes, desenmarcadas del
discurso amoroso, como estrategias para repensar
los cuerpos y sus accionamientos políticos.

Bien explican lxs Ludditas Sexxxuales que el dispositivo del amor romántico se ha extendido como mito
único que nos libra de nuestra abulia y tedio frente
a la vida y en el que de un modo u otro todos los
cuerpos caen para repetir el discurso Amo del Amor
y hacerlo central en la existencia. Pero, más allá de lo
romántico y de la idea del amor en pareja, podemos
tomar lo que dice Tiqqun:

> a lo largo del proceso de «civilización», la crimina-
> lización de todas las pasiones ha ido pareja con la
> santificación del amor como sola y única pasión,
> como la pasión por excelencia (Ludditas Sexxxua-
> les, 2012).[11]

El discurso del amor se ha extendido sin fronteras,
poblando lenguajes sin discriminar ideología. Sara

Ahmed realiza un recorrido interesante analizando los discursos de organizaciones fascistas que se hacen llamar organizaciones del amor y que hacen un uso defensivo del odio, como contracara del amor. Toma particularmente un texto de Aryan Nation (Nación Aria en castellano), una organización religiosa de supremacistas blancos o «cristianos separatistas blancos» con base originalmente en Hayden Lake, Idaho, Estados Unidos, que proclama «hacemos y decimos esto porque amamos, no porque odiemos». Se trata de una narrativa que sugiere que el amor por la nación es lo que conduce a los arios blancos a sentir odio por aquellos otros que, al «quitarles» la nación, los están despojando de su historia, así como de su futuro. En este sentido, se pregunta: «¿Qué significa defender el amor cuando uno se sitúa al lado de unos y en contra de otros?» (Ahmed, 2015, 191).[12]

El discurso del amor, entonces, sirve como justificación para ejercer la discriminación, para «atacar en defensa de». El «amor a la institución *familia*» es lo que nos mata por no ser cisheterosexuales, el «amor a la vida» es lo que perpetúa las muertes por aborto. Si «Dios es amor», quizás tengamos que cuestionarnos algunas cosas. Si hacemos la prueba de completar «_____ es amor» con cualquier palabra

(«Dios es amor», «Amor sí, Macri no»*, «Amor sí, Cristina no», «Más amor, menos odio», «Más Amor, menos Sodio»)**, ¿cuál es el resultado? El significante «amor», en casi cualquier sintagma, tiene el poder simbólico de situarse de un lado y oponerse a otro. Algunos ejemplos más: «Amor sí, judíos no», «La maté por amor», «El amor vence al odio».

No a todxs nos moja de la misma manera la lluvia del amor. Distribuciones afectivas

> *You just can't run from the funnel of love,*
> *Its gonna get you someday*
>
> WANDA JACKSON

La reina del *rockabilly*, Wanda Jackson, advierte que, tarde o temprano, todxs seremos abducidxs o tragadxs por el embudo del amor. Y si no, moriremos esperando ansiosxs la caída. El amor aparece como el camino hacia la felicidad, *to fall in love*: caerse en el amor, caer en el embudo del amor con la esperanza de encontrar

---

* Fue una de las campañas progresistas para las elecciones presidenciales en Argentina del 2015, en contra del candidato neoliberal Mauricio Macri.

** Dice una publicidad de agua mineral baja en sodio.

la felicidad al otro lado. Entendemos la felicidad como una meta y el camino que deberíamos seguir es el que nos conduzca a ella; hay consenso en que algunas cosas conducen a la felicidad más que otras, y esta distribución podría ser llamada «fatalismo de género»:

> Las chicas serán chicas; las chicas serán felices cuando se casen. Quizás este «serán» se oiga también como un mandato moral y no solo como una predicción: no solo se casará sino que se casará con alegría. [...] Es posible que hoy en día creamos que la heterosexualidad ha dejado de ser la única opción. Pero si echamos un vistazo a las imágenes y narrativas veremos que las antiguas inversiones se mantienen con algunas alteraciones y variaciones menores en la forma (Ahmed, 2018b, 76).[13]

Ahmed afirma que las historias felices de las niñas continúan basándose en la fórmula vida, matrimonio, reproducción o muerte y miseria, aunque en la actualidad haya algunas concesiones, alguna diversificación de los logros femeninos y alguna posibilidad de practicar la heterosexualidad en más de una manera. Lo que no ha cambiado es que, más allá y más acá de la heterosexualidad, la narrativa del amor como camino a la felicidad continúa intacta.

El dispositivo del amor es particularmente monóga-
mo, vainilla*, heterosexual, reproductivo, romántico
y alosexual e influye materialmente ordenando las
prácticas de los sujetos y estructurando relaciones
desiguales de género, orientación sexual, clase y et-
nia. Es decir, el discurso del amor genera subjetividad
de manera diferenciada y opera protagónicamente en
cómo nos programamos genéricamente. Así como en
la introducción mencionábamos la modelización de
los cuerpos y sus orientaciones en torno a la heterosexualidad obligatoria, hay una modelización, orientación y programación de los cuerpos a partir de la
narrativa del amor como camino hacia la felicidad.
Ahora bien, esta modelización comprende la disposi-
ción afectiva, la forma de desear, amar y relacionarse.
A fuerza de lo que podríamos llamar, recurriendo a la
teoría de Butler, una «performatividad amorosa» que
afecta de manera diferencial a quienes estén programados como varones o mujeres y, como veremos más
adelante, a quienes logren correrse o desinterpelarse
de esos guiones que pretendieron modelarles.

Nos encontramos en un contexto histórico en el que
hay un reflorecimiento del feminismo transexcluyente

---

* Gayle Rubin, en 1989, en «Reflexionando sobre el sexo:
notas para una teoría radical de la sexualidad», lo definió
como «sexo suave» y se usa popularmente para referirse al
sexo no BDSM.

que utiliza tanto discursos biologicistas («las mujeres trans no son mujeres biológicamente») como de socialización («las mujeres trans no pueden ser mujeres porque se han socializado como hombres, por lo que gozan de sus privilegios») para justificar su violencia. Frente a este panorama, en relación a la elección de la idea de programación de género y las modelizaciones diferenciales que intenta construir el binarismo patriarcal y amoroso, me parece importante aclarar una vez más que tanto la socialización como la programación de subjetividad no operan únicamente a nivel de género, ni tampoco se trata de algo que se da en un momento específico y se cristaliza. Como ya mencioné, esto se disputa cotidianamente dependiendo de la forma en que una persona encarna, o no, una categoría o un mandato (Ahmed, 2018a). Si pensamos en términos de educación sentimental*, podemos también constatar que los mandatos de género se evidencian en forma de tareas domésticas y

---

* En relación a la «educación sentimental» de las mujeres, sobre todo en lo que respecta a la industria cultural, es interesante mencionar la dimensión que resalta Linda Williams sobre el melodrama, el porno y el cine de terror, tanto dispositivos que disciplinan a las mujeres para el sentimentalismo y la sumisión, como posibilitadores de los placeres del cuerpo y el acceso a una erótica propia. Millett resalta un aspecto similar respecto del discurso amoroso que vehiculiza el acceso a la sexualidad de las mujeres.

pedagogías lúdicas amorosas (como las telenovelas, las princesas, los test de las revistas adolescentes para averiguar si el amor es correspondido, deshojar una margarita, las novelas rosa): nos entrenan para gustar de alguien, incluso aunque no sea el objeto ideal; para desear una pareja e imaginar el momento de conseguirla como el momento de alcance de la felicidad.

Siguiendo a Raquel Osborne (2009), podemos decir que la mayoría de los estudios realizados sobre sexualidad juvenil coinciden en que casi la totalidad de las mujeres cis declaran haber estado enamoradas de la primera persona con la que tuvieron relaciones sexuales, mientras que para un varón cis a menudo la primera relación no es más que una primera experiencia sexual (sobre todo, cuanto más precoz sea su iniciación sexual). Los estudios nombrados no aclaran si se trata de personas cis o trans. Teniendo en cuenta que ni la academia ni la mayoría de los feminismos escapan al pensamiento cisexista, entendemos que la falta de aclaración supone la asunción de cisexualidad de las personas entrevistadas.

Mientras que quienes somos programadas mujeres tenemos una educación sentimental que nos adiestra en el arte de sentir y expresar emociones, de la fidelidad, del cuidado, del enamoramiento y del deseo de tener una relación sexoafectiva estable y duradera, quienes han sido programados varones han recibido un entrenamiento afectivo orientado al sexo, a la masturbación, la promiscuidad, la camaradería y el corporativismo con otros varones (Preciado, 2008). Así, esta sobreestimulación de la capacidad para dar de las personas programadas mujeres funciona como opuesto complementario a la sobreestimulación de la capacidad de recibir y reservarse para sí mismos de las personas programadas varones:

> Los hombres pueden apropiarse continuamente de la fuerza vital y la capacidad de las mujeres en una medida significativamente mayor que lo que les devuelven de sí mismos [...] Si el capital es la acumulación del trabajo alienado, la «autoridad» masculina [...] es la acumulación del amor alienado (Jónasdóttir, 1993, 53).[14]

En pocas palabras, se trata de una distribución suficientemente efectiva para allanar el terreno y para que, como especificó Kate Millett (1984), el amor funcione como opio para las mujeres.

En esta misma línea, Adrienne Rich (1996, 15-45) escribe sobre la adicción al amor que sufren las mujeres en forma de abnegación, esto es, un ejercicio del amor a través del sacrificio como forma redentora. En esta lógica, la sobredosis de amor femenino es apropiada por los varones con un aval social, dejando así prefigurado un déficit de igualdad que desfavorece a las mujeres, las cuales quedan en una situación de inferioridad. Este discurso amoroso, asumido y heteroimpuesto, es un esquema cultural que se hace cuerpo. Osborne (2009) señala al respecto que el hecho de que un discurso esté internalizado no implica necesariamente que las personas se atengan a él en sus conductas, sino que experimentarán conflictos y desconciertos si no lo hacen. Entonces, la adicción al amor, para quienes son programadas mujeres, funciona como un mandato social que otorga premios y castigos según el grado y los modos en que se le obedezca.

Dicho lo anterior, ¿deberíamos nosotras dejar de ocuparnos del amor?, ¿qué se hace con todos esos deseos en torno al amor que tenemos internalizados?, ¿desaparecen al identificarlos y nombrarlos?, ¿queremos subvertirlos?, ¿lo deseamos?, ¿cómo construimos nuevos deseos?, ¿cómo damos lugar a esos deseos que nos enseñaron a desestimar?

Para poder dejar de hablar de amor, o para poder también hablar de otras cosas, necesitamos desarmar el discurso sobre el amor. Resulta interesante pensar en cómo, más allá de la distribución de roles e intensidades que surgen de nuestra educación sexual-emocional, la mayoría de las personas –sin distinguir su ideología política, su orientación sexual, su identidad de género, su clase social o su religión (por nombrar algunas variables)– prefieren seguir defendiéndolo, luchando en su nombre o hablando el lenguaje del amor, que pareciera ser universal y beneficioso. Porque, en última instancia, como dijo Shulamith Firestone (1976), cada vez que se intenta cuestionar la idea del amor, aparecen un pánico y un rechazo que nos dan una pista para comprender su importancia política.

Capítulo 2

La existencia lesbiana
Desencantarse del deseo

El lesbianismo no es un barrio.

Luciana Caamaño

Está mi ex, la ex de mi ex, la ex de la ex de
mi ex, que es mi hermana también.
Ro Tirita

Me interesa continuar hablando de lesbianismo porque la teoría feminista lesbiana ha sido la que plan-
teó al feminismo como una cuestión de vida (Ahmed,
2018b) y porque creo que es necesario preguntarnos
continuamente qué hay de político en lo personal, y
cómo nos hacemos cargo de que nuestras emociones
y nuestros deseos no son tan nuestros como nos gustaría que fuesen. Me interesa pensar la utilidad de

lo identitario para abrir la posibilidad de fomentar relaciones sociales. Por eso, empecemos este apartado sosteniendo la incomodidad planteada en la introducción alrededor de la palabra «lesbiana». Además de las inquietudes mencionadas al respecto por Judith Butler y Gayle Rubin, vamos a sumar la propuesta de Foucault de pensar la identidad como algo útil siempre y cuando sea un juego. Y siempre y cuando ese juego sea un procedimiento para fomentar relaciones sociales y de placer sexual que determinen nuevos vínculos amistosos. Al contrario, si la identidad se convierte en el problema central de la vida sexual, si la identidad se vuelve algo propio a descubrir y este descubrimiento tiene el deber de convertirse en norma, principio y pauta de existencia, si la pregunta que invita a repetir es «¿actúo de acuerdo con mi identidad?», entonces, dice Foucault, no será útil, sino que nos hará retroceder a una especie de ética semejante a la de la virilidad heterosexual tradicional. Respecto a la cuestión de la identidad, propone partir de nuestra condición de seres únicos. Dice:

> las relaciones que debemos trabar con nosotros mismos no son de identidad, sino más bien de diferenciación, creación e innovación. Es un fastidio ser siempre el mismo. No debemos descartar la identidad si a través de ella obtenemos placer, pero nunca debemos exigir a esa identidad una norma ética universal (Foucault, 2015, 90).[1]

Me gusta que Foucault hable de fastidio, de aburrimiento, del tedio que significa ser siempre las mismas, corriéndose del moralismo identitario que conlleva esta autofidelidad. Con autofidelidad me refiero a estar haciendo nuestra danza queer, dentro de los márgenes que nos permite nuestra pequeña cajita identitaria, el set de ropa, de gestos, de gustos, de alimentación que tan prolijamente elegimos y que, por momentos, pareciéramos destinadas o condenadas a repetir*. No tanto en el sentido de parecernos entre nosotras, que es una estrategia de reconocimiento, hogar y supervivencia, sino de parecernos a nosotras mismas –volviendo e interviniendo a Foucault–:

> El problema no es descubrir en sí la verdad de nuestro sexo, sino servirnos, desde ahora, de nuestra propia sexualidad para acceder a una multiplicidad de relaciones. Y es sin duda esta la verdadera razón por la que la *[lesbiandad]* no es una forma de deseo sino algo deseable. Debemos empeñarnos en

---

* Pienso en mi pelo: cada vez que lo cambio de manera radical (esta radicalidad es simplemente pasar de largo a corto y viceversa), mucha gente no me reconoce, y tener que presentarme y decir «¡ey, soy yo!» me genera mucha incomodidad. Pienso primero, en clave de advertencia, «si te dejás largo el pelo no te van a reconocer»; luego me corrijo: «¡Cámbiense el pelo, chicxs, no lxs van a reconocer!». Qué táctica sencilla y barata para escurrirse.

devenir *[lesbianas]* y no obstinarnos en reconocer que lo somos (Foucault, 2015).²

En la existencia hetero estas cosas también pasan, claro, pero pasan desapercibidas porque están naturalizadas. Nosotras en cambio, en algún plano, somos conscientes de que, de cierta manera, nuestro modo de vida, nuestro modo de ser, es una elección. Y aquí es donde se nos complica la existencia, porque tenemos que defender con tanta fuerza quiénes somos, que implica un esfuerzo por definirnos, un pequeño infierno florido: reconocer que no es natural para después identificar que tampoco se trata de una elección libre, fresca y primaveral.

Y ahora que estamos todes con nuestros uniformes puestos según el club, nuestras camisas, pelos de colores, borcegos o respectivos rompevientos, vale también decir que el lesbianismo no es un barrio.

A la comunidad LGBTNB se la suele acusar de autosegregante desde la heterosexualidad. A las lesbianas se nos acusa de endogámicas. Sin embargo, la «autosegregación» no es más que habitar, crear y recrear espacios que nos son más hospitalarios, un poco más libres de confesiones y explicaciones, en los que se pueden construir modos de vida que no son experimentados todo el tiempo como «otros». A pesar de la endogamia de los grupos lésbicos, no nos conocemos todas, no somos vecinas. Estamos desperdigadas como migrantes ilegales en el territorio de la heterosexualidad y, sin embargo, construimos comunidad. Como repite Ahmed, un movimiento puede ser un refugio. Algunas compañías pueden ser trincheras.

El texto «Heterosexualidad obligatoria y existencia lesbiana» de Adrienne Rich es importante para pensar la presencia histórica de las lesbianas, así como nuestra continua creación del significado de esa existencia. Esta existencia no solo significa el rechazo a un modo de vida impuesto, sino también un «no» al patriarcado, un acto de resistencia, «un ataque directo o indirecto contra el derecho masculino de acceso a las mujeres» (Rich, 1996, 15-45).[3] Cuestionaremos la idea de lo masculino desligado de las lesbianas más adelante pero ahora resaltamos esta producción, que es una de las pocas que se encargan activamente de visibilizar la alegría y el potencial político de llevar una vida lesbiana, y también logra deslizar, incluso desacoplar, la idea del lesbianismo de su definición médica-patriarcal, o bien, del confinamiento que implica limitarla al «hecho de que alguna mujer haya tenido o haya deseado consciente o inconscientemente una experiencia sexual genital con otra mujer».[4] Sin embargo, también me interesa tomar este texto en tanto continúa siendo una de las grandes referencias para el pensamiento lésbico, por lo que no pierde vigencia para cuestionar otras dos de sus ideas principales: por un lado, la de la experiencia lésbica como algo profundamente femenino y, por otro, la de *continuum* lesbiano.

Con respecto al primer punto, hay un caudal nada desdeñable de investigaciones y ensayos que insisten en que lo masculino no está desligado de la lesbiandad (ni tampoco de las mujeres) –son interesantes los aportes al respecto de Feinberg, Nestle, Rubin, Hollibaugh, Halberstam, Cano, Anzaldúa, flores y tron, entre otr*s–. Sin embargo, aunque podamos reconocernos *femmes*, machonas, *butchs*, andróginas, todas a la vez o según el día, pareciera que en el sentido común y el académico, e incluso entre lesbianas activistas, sigue presente la caracterización –¿e idealización?– de las afectividades lesbianas como puramente femeninas. De allí que sea necesario continuar desestabilizando los binarismos, empujando hacia distintas direcciones que dejen a la luz las complejidades y las limitaciones no solo de las identidades de género y orientación sexual, sino de las categorías femeninas y masculinas pegadas a esas identidades.

En cuanto al segundo punto, Rich diferencia al *continuum* lesbiano de la existencia lesbiana y sostiene que el *continuum* debe considerar tanto a las mujeres que se autodenominan lesbianas como también a las que se autodenominan heterosexuales, ya que hay un deleite extraño en su mutua compañía y una atracción entre sus mentes; y agrega que «necesitamos narrativas mucho más exhaustivas de las formas que ha tomado la doble vida».[5] Por un lado, Rich acierta cuando dice que la experiencia lesbiana tiene opresiones, significados y potenciales específicos que no podremos comprender si nos limitamos a etiquetarla junto con otras existencias sexualmente estigmatizadas (es decir, es necesario hacer el ejercicio de trascender la noción de gay), pero, por otro, incluye a las mujeres heterosexuales haciendo un borramiento distinto, aunque similar al que propone evitar*. Apreciar la compañía y la mente de mujeres no es lesbiano, simplemente es no-misógino. Al respecto, dice Rubin (2018) que Rich desplazó la preferencia sexual por una forma de solidaridad de género, un desplazamiento moral y analítico. Es claro que necesitamos una narrativa más exhaustiva; sin embargo,

---

* En relación a la limitación de la idea de *continuum* lésbico como una posibilidad para ejercerse en la heterosexualidad, algo similar pero contrario en términos sexuados sucede con la idea de sororidad, que es utilizada sobre todo en feminismos de mujeres para referir a las relaciones de cuidado que se establecen para protegernos del patriarcado. La sor es una monja, y esto no nos importa solo por la etimología de la palabra, sino porque el uso que se le da está completamente deserotizado y desprovisto de tensiones sexoeróticas, y eso es posible en tanto es un feminismo heterosexual quien lo piensa, lo produce y lo pone en circulación política. Agradezco a Vic Sfriso, quien me hizo reparar en este punto.

que todas podamos ser lesbianas no quiere decir que lo seamos. Que todas suframos las opresiones y las violencias por el hecho de haber sido asignadas y/o autopercibirnos mujeres no hace que habitemos el mundo de la misma manera. Tampoco es lo mismo vivir en un mundo de lesbianas que en uno de mujeres.

Es aquí donde Sara Ahmed abre una nueva perspectiva; dice que el hecho de que algo sea obligatorio demuestra que no es necesario. Sin embargo:

> negarse a ser forzada por las narrativas de la heterosexualidad ideal en la orientación de una hacia los otros sigue siendo una manera de verse afectada por esas narrativas: funcionan como un guion de la orientación propia en la forma de desobediencia (Ahmed, 2015, 224).[6]

Los efectos de no seguir los guiones pueden ser múltiples; por ejemplo, el hecho de amar un cuerpo que se supone que deberíamos repudiar implica someterse a esas normas en relación a los costos y daños correspondientes.

En este punto resulta interesante mencionar que la preocupación por la felicidad (en su versión positiva) de personas lesbianas o queer, o la evasión de los costos y daños de no buscarla, resulta fundamental para la imposición de la heterosexualidad.

La primera novela lésbica que se convirtió en *best-seller*, *Spring Fire*, publicada en 1952 en Estados Unidos y escrita por Marijane Meaker bajo el pseudónimo de Vin Packer, tuvo que cambiar su final para ser publicada, ya que, según su editor, un final feliz como el que tenía originalmente haría que la homosexualidad –en este caso, el lesbianismo– pareciera atractiva.

La hipervisibilización, hipernarración o sobrerrepresentación de estos daños y castigos funcionan como disciplinamiento heterosexual, mientras que la invisibilización del goce y la existencia lésbica hacen de sostén de la heterosexualidad obligatoria. Sin embargo creo, como Heather Love, que necesitamos elaborar una genealogía del afecto queer que no sea fatalista ni dramática hasta la muerte, pero tampoco deje de lado los sentimientos de vergüenza, negativos y complicados que han ocupado un lugar tan relevante en la existencia queer a lo largo del siglo pasado. Algo así como canta una canción de Dog Park Dissidents: *«Not gay as in happy but queer as in fuck you»* («No gay en el sentido de alegre, sino queer en el sentido de fuck you»).

Comencé este ensayo partiendo de la incomodidad que habitamos y que, a su vez, moldea a las personas que vivimos vidas no normativas, por eso me interesa rescatar estas dos necesidades y contribuir a visibilizar otras aristas de lo lesbiano procurando, como propone Ahmed, «adoptar una actitud activamente incrédula en lo que concierne a la necesariedad del alineamiento de la felicidad con el bien» (Ahmed, 2018b, 194).[7] Trabajamos durante mucho tiempo en visibilizar el lesbianismo y las violencias que se ejercen sobre las lesbianas y ya tenemos muchas, quizás demasiadas, representaciones sobre el dolor, la represión, el drama y la desolación. Es necesario buscar derivas nuevas que escapen a los clichés discursivos y que expresen también experiencias lésbicas placenteras vinculadas a la amistad, la fiesta y el placer.

La existencia lesbiana es mucho más que sexualidad entre mujeres, entre lesbianas y/o bisexuales. Parte de esa existencia lesbiana tiene que ver con las formas vinculares, la relación con las ex, la amistad lesbiana, la familia lesbiana, la cultura lésbica. Eso que pensamos como endogamia lésbica es la estela de constelaciones que nos acompaña a lo largo de nuestras vidas y es un lazo social específico. Pensar las implicancias concretas e imaginarias de estos lazos nos permite sostener con la palabra toda la carga de ruptura que poseen (D'Uva, 2016).

En esa estela de constelaciones, de endogamia, se encuentra la figura de «la ex»*, que aparece como algo posible a partir de los corrimientos del libreto

---

* Es posible, no necesario, ser amiga de tu ex.

heterosexual y ocupa un lugar liminar entre la amistad y la familia. Goza de una intimidad que no se acaba al terminar la relación, que se transforma con la plasticidad suficiente para sostener la cariñosidad y los cuidados dando lugar a nuevas relaciones sexoafectivas, usualmente cediendo por completo lo explícitamente sexual* sin convertirse en una amistad como cualquier otra, guardando cierta incondicionalidad que la acerca a lo familiar.

Se le presenta la ex a la nueva pareja con una solemnidad parecida con la que se la presenta a la familia, se espera que caiga bien, que no sea celosa. La figura de la ex vuelve a ser disruptiva, aunque no esté cruzada por la sexualidad; genera incomodidad e incomprensión en las personas heterosexuales, molesta, se queda por fuera del marco de inteligibilidad de la heterosexualidad. Se sigue pensando que tiene que haber sexo de por medio o, al menos, algún desengaño amoroso que mantenga el lazo.

Las existencias no normativas tienen que ver justo con esto: la invención de otras formas vinculares y de existencia, de hablar un lenguaje no descifrable para la maquinaria binaria cisheterocapitalista amorosa y familiar.

---

* Es posible, no necesario, dejar de tener sexo con tu ex.

Las jerarquías eroticoamorosas

Y después yo vi cómo iban cambiando su manera de vivir
Todos con su amor, cada uno de ellos muy sonrientes
muy felices menos yo
[...]
Yo no nací para amar
nadie nació para mí
tan solo fui un loco soñador nomás

JUAN GABRIEL

El discurso del amor nos domestica, nos mastica para que seamos más digeribles a la norma. Sin embargo, no nos iguala por más disfrazades de heteros que estemos. El amor aparece como puente hacia la felicidad, pero el amor entre personas no heterosexuales solo tendrá reconocimiento social si antes se lo decodifica como legítimo amor. Al respecto, Sara Ahmed dice:

> El amor queer puede alcanzar cierto reconocimiento a condición de que sea reconocible como amor, en una concepción en la que el amor está de por sí supeditado a la felicidad (Ahmed, 2018b).[8]

Y si la felicidad está vinculada a la heterosexualidad, el amor entre personas no heterosexuales será más reconocido cuanto más se camufle con la vida heterosexual.

En ese mismo sentido, pero trascendiendo la orientación y atendiendo también a las prácticas sexuales, en el año 1989, Gayle Rubin dibujó una pirámide erótica que no pierde vigencia. En la cima están las personas [cis]heterosexuales casadas –la categoría genérica cis está agregada por mí–; debajo, las personas cisheterosexuales en pareja monógama no casada, seguidxs por la mayor parte de las personas cisheterosexuales:

> El sexo solitario flota ambiguamente. El poderoso estigma que pesaba sobre la masturbación en el siglo XIX aún permanece en formas modificadas más débiles, tales como la idea de que la masturbación es una especie de sustituto inferior de los encuentros en pareja. Las parejas estables de lesbianas y gais están en el borde de la respetabilidad, pero los homosexuales y lesbianas promiscuos revolotean justo por encima de los grupos situados en el fondo mismo de la pirámide. Las castas sexuales más despreciadas incluyen normalmente a los transexuales, travestis, fetichistas, sadomasoquistas, trabajadores del sexo, tales como los prostitutos, las prostitutas y quienes trabajan como modelos en la pornografía y, la más baja de todas, aquellos cuyo erotismo transgrede las fronteras generacionales (Rubin, 1989, 136).[9]

Resulta necesario agregar que las personas heterosexuales que tengan prácticas y que sean públicamente

promiscuas, fetichistas o que practiquen BDSM pa-
sarían a la base de la pirámide. Si bien está claro que
la heterosexualidad está por fuera de la disidencia o
«diversidad» sexual por ser la norma en relación a la
orientación sexual, necesitamos considerar tanto las
formas de vida disidentes (prácticas, modos vinculares no normativos que se vivan de forma pública) más
allá de la identidad, como también a quienes se identi-
fiquen con una orientación sexual heterosexual que se
salen de la norma por no ser cisexuales, por ejemplo,
parejas heterosexuales conformadas por una persona
trans y otra cis o parejas heterosexuales conformadas
por ambas personas trans. Las personas asexuales o
arrománticas, debido a su invisibilización, probablemente serán violentamente leídas como heterosexuales solteronxs u homosexuales reprimidxs, por lo que
compartirán estrato con quienes sean confundidas.

Rubin habla de jerarquías eróticas, pero bien podríamos agregar la dimensión de las jerarquías amorosas, ya que, finalmente, en la cima de la pirámide se
encuentran aquellas personas que, de manera visible
y estable, tienen un amor correspondido, reconocido
socialmente y por el Estado. Podríamos resaltar en la
punta a las parejas que, además de todas las anteriores
características, tienen un amor «superior» y productivo, que es el que se tiene hacia les hijes. Las personas
que comparten su vida con animales también serán

estratificadas según el tipo de vínculo que tengan: quienes compartan su vida con especies de compañía como complemento de otros vínculos familiares prioritarios no alterarán su lugar en la pirámide; ahora bien, si es un amor que se considera desmedido por su intensidad o por la cantidad de animales no humanos («exceso» de gatos, de palomas o de perros), podrá hacer descender un estrato social por anormal, extrasolitario y sucio. «La loca de los gatos» representa *perfectamente* esto que mencionamos, es una figura inadaptada, molesta, rara, asexuada y que no está en su sano juicio, una figura *perfectamente* queer.

Para las lesbianas, muchas veces el estar en pareja es condición *sine qua non* para poder salir del clóset. ¿Cuántas amigas han esperado y esperan tener una relación para poder contarles a sus xadres que tienen novia, que salen con una chica? Para las lesbianas promiscuas, solteras y solteronas, la salida del clóset se vuelve mucho más compleja. ¿Por qué? ¿Cuál es la diferencia entre decir «tengo novia» y «soy lesbiana»? –creo que algo similar podría suceder con la identidad bisexual–. Podría tener que ver con una cuestión del peso de lo identitario contra algo pasajero, podría tener que ver con la innombrable palabra «lesbiana», pero creo que, en gran parte, tiene que ver con el manto apaciguador del amor. La pareja supone amor y este nos vuelve codificables, comprensibles, integrables, normales; nos permite situarnos, aunque sea por un rato, un poco más cerca de la cumbre de la pirámide.

Aunque sería necesario profundizar en la importancia de nombrar la palabra lesbiana. Veamos este poema de Macky Corbalán en relación a lo innombrable:

> Lesbiana lesbiana lesbiana lesbiana, decirlo tantas veces como las que se lo calló. Decir lesbiana es iluminar una porción de realidad, velada por las gruesas sombras de la dominación hetero, correr el cerrado horizonte de su normativa genocida. Nombrarse es la tumba de la opacidad, su combustión (Cano, 2015).[10]

Al respecto, flores señala:

> En el caso de las lesbianas, la opresión no opera a través de actos de abierta prohibición, sino encubiertamente, a través de la producción de un dominio de lo impensable y de lo innombrable. Judith Butler dice justamente que el lesbianismo no ha sido explícitamente prohibido, en parte porque no se ha dado a conocer en lo pensable, en lo imaginable, esa red de inteligibilidad cultural que regula lo real y lo que puede ser nombrado. Las lesbianas, por lo tanto, ni siquiera calificamos como objeto de prohibición, porque ni siquiera podemos ser imaginadas, ya que se ejerce sobre nosotras una suerte de «violencia epistémica», borrándonos como suje-

tas posibles de existir. La identidad lesbiana marca una diferencia, diferencia que no es un atributo fijo, sino producto de una relación contingente. Pero las marcas de esta diferencia se subvierten mostrando las particulares marcas de la indiferencia, de «lo neutro», aquello invisibilizado por normativo, hegemónico y sobrerrepresentado, que en este caso es la heterosexualidad (flores, 2009).[11]

En este sentido, Ahmed se pregunta, dado que la felicidad trae aparejadas condiciones a la medida de la heterosexualidad, si acaso no sería de interés para una definición queer del amor separarlo de la felicidad y propone, en ese sentido, tomar la definición de Simone Weil como una definición queer:

> El amor, en el caso de alguien que es feliz, es querer compartir el sufrimiento del amado desgraciado. El amor, en el caso de alguien desgraciado, consiste en verse colmado solo con el gozo del amado, sin tomar parte en tal cosa, ni tan siquiera desear hacerlo (Weil, 2007, 105).[12]

Y, a partir de esto, arriesga que tal vez el amor queer tenga que ver con el reconocimiento de que la felicidad no es aquello que se comparte (Ahmed, 2019). Esta cita dice algo del amor para Weil, pero también de la felicidad y la desgracia, que no se multiplican, sino que ambas se dividen en caso de compartirse.

Esta cita, recuperada por Ahmed, me parece interesante para realizar una reescritura, no desde el amor queer, sino desde la amistad posiblemente queer: la amistad, en el caso de alguien que es feliz, es querer compartir el sufrimiento de la amiga desgraciada. La amistad, en el caso de alguien desgraciada, consiste en verse colmada solo con el gozo de la amiga, sin tomar parte en tal cosa, ni tan siquiera desear hacerlo. Si pensamos en la felicidad como técnica de orientación o mecanismo de control, un acto generoso o amistoso sería pretender no ser feliz a costa de otrx, no pretender ser feliz si otrx lo es, no responsabilizar al otrx de nuestra felicidad. Soledades compartidas, el oxímoron de lo queer. Me explayaré en estos mundos amistosos posibles más adelante.

Es cierto que el amor queer, como lo nombra Ahmed, o el amor en y entre personas queer, como prefiero pensarlo, merece que lo analicemos de manera diferencial al amor en y entre personas heterosexuales. Ese, aunque se presenta como camino universal hacia la felicidad, en su versión queer es además causa de infelicidad en otras personas. Por eso requiere, para ser reconocido, un particular y hasta a veces forzado enaltecimiento. En este sentido, vale la pena volver a pensar en las campañas del tipo «el mismo amor, los mismos derechos» –en Argentina, se crearon *spots* publicitarios de apoyo a la Ley de Matrimonio para personas del mismo sexo que decían: «Todos los días, miles de argentinas y argentinos se enamoran, algunos forman una pareja y se casan. Otros también forman una pareja, pero no se pueden casar; "el mismo amor, los mismos derechos, con los mismos nombres"»–, o a la idea popularizada de «si se aman, entonces está bien».

Si las personas queer deben aproximarse a los signos de felicidad para obtener reconocimiento, es posible que al hacerlo deban minimizar los signos de su propio carácter queer (Ahmed, 2019).[13]

Un ejemplo muy concreto de esto es el matrimonio, pero también el enaltecimiento de la pareja como mostración del alejamiento del modo de vida queer, promiscuo en el caso de los gais, no reproductivo en el caso de las lesbianas. Mi desacuerdo con esta lectura particular de Ahmed tiene que ver con que, más allá de esas importantes diferencias en lo que produce el amor entre queers y el amor entre personas heterosexuales, es que el amor nunca deja de ser heterosexual. Las personas no heterosexuales no permanecemos impermeables al dispositivo amoroso; aunque por breves momentos logremos *hackearlo,* hacer cortocircuito, la mayoría del tiempo vivimos electrocutadas.

La industria y la arquitectura del turismo funcionan como termómetro del *pinkwashing* y son una gran manera de ilustrar la jerarquización de la vida en pareja: las habitaciones con más metros cuadrados y mejor vista son las que tienen la cama matrimonial, y digo matrimonial y no doble porque, en estos casos, se ajusta al imaginario del casamiento.

En un viaje en el 2015 que hice con una novia, nos sucedió, al gestionar la entrada a un *hostel* para dos personas, que cuando aclaramos que queríamos una sola cama de dos plazas, nos dijeron súbitamente y cambiando el registro de cordialidad que venían teniendo que el lugar estaba lleno. Tan solo unos años después, en 2021, muchos alojamientos de cabañas pequeñas estaban anunciados como solo para parejas, incluso uno de ellos tenía el símbolo de distintas configuraciones de parejas: dos mujeres, una mujer y un varón y dos varones. ¿Cuándo se volvió más disruptivo que dos amigas duerman juntas a que dos lesbianas lo hagan? Posiblemente en algún momento entre 2015 y 2021.

Estar en pareja viene con el certificado de que no estamos desesperadas, de que somos personas serias, algo adaptadas, de que no robaremos otras parejas, de que somos elegibles; viene, en suma, con la esperanza de la convivencia y una posible familia. Lesbiana, pero heteronormada.

Es necesario que problematicemos y dimensionemos los privilegios de estar en pareja, que los revisemos y repensemos, sobre todo quienes gozamos de otros privilegios que nos hacen ser leídas como personas amables, capaces de ser amadas. Para el mundo no todos los cuerpos son capaces de ser amados. ¿Por qué hay cuerpos que son posibles de ser amados y otros que primero tienen que amarse a sí mismos? ¿Sobre quiénes pesan los mandatos neoliberales del amor propio? –apunta Caleb Luna: «Los sistemas culturales mayoritarios que forman las decisiones individuales y los deseos han sido esculpidos por cientos de años privilegiando algunos cuerpos en particular y marginalizando otros. Consecuentemente es que continúo observando la cantidad de ejemplos de cuerpos marginalizados no siendo deseados».[14] Esto podemos pensarlo respecto de una serie de diferencias como la gordura, la edad, el color, la diversidad funcional, etcétera. Este, sin duda, es tema para otra discusión; sin embargo, es imposible avanzar ignorando esos privilegios de ser deseadx o constituidx como una persona posible de ser amada–.

También es hora de que cuestionemos nuestras publicaciones en redes sociales, que pensemos en lo que significa poner una foto con nuestr* novi* y la catarata de *«me gustas»* que viene asegurada. ¿Contra quiénes se disparan esos misiles de amor?

Amor libre, ese oxímoron

Reivindico mi derecho a reclamar.
Batallando también contra lxs CEO del poliamor

¿En qué se está pensando cuando se dice amor libre? ¿Libre de patriarcado? ¿Libre de cisheterocapitalismo? En línea con Foucault y Deleuze, no es posible la existencia de sujetxs autónomxs independientes e impermeables de las influencias del mundo en que viven. Quizás por momentos sea útil referirnos en términos de «amor más libre» y no tanto como exento de las condiciones que lo hacen «no libre».

El primer problema del amor libre es pensar que lo es. No hay amor libre de romanticismo. No hay amor que no sea romántico, aunque haya amores que sean más románticos que otros. Por eso, con respecto a las relaciones sexoafectivas, nos resulta más interesante pensar en la no-monogamia.

Podemos ver en la comunidad lesbiana y queer de Buenos Aires un florecimiento de los cuestionamientos a la monogamia y una más tímida revisión a lo que tiene que ver con cuidados y afectos. En el 2017 se realizó el primer taller de «No-monogamia» en el Encuentro Nacional de Mujeres de Argentina, que se desdobló en dos talleres debido a la gran convocatoria. Si bien no se encontraba reconocido por la organización y estaba por fuera del cronograma oficial, la buena recepción de la propuesta autogestiva visibilizó una necesidad emergente.

Como mencioné antes, las lesbianas tenemos una romantización del lesbianismo que poco a poco estamos intentando desarmar; un ejemplo de esto es el trabajo colectivo y progresivo de visibilización y problematización de la violencia entre lesbianas. Esta romantización implica la idea de que entre lesbianas no hay relaciones de poder como en la pareja heterosexual (Langford, 1999), por lo que hay una ilusión de caminar sobre «colchones de igualdad» (Weisttbin, 2002).[15] Sin embargo, la igualdad no es precisamente lo que define al amor. Dean Spade explica cómo capitalismo y amor romántico están investidos por las nociones de escasez/privación, haciéndonos sentir que nunca tendremos suficiente de algo si es bueno y motivándonos a actuar por pura codicia, abocándonos al acaparamiento y la acumulación. La idea de que el compartir algo con otrxs implica restárselo a unx mismx. La idea de la media naranja, el alma gemela, la persona con quien estás destinada a estar; la idea de una unión perfecta que nos complete y que hay que encontrar rápido, antes de que sea tarde, antes de que seamos viejas, antes de que caigamos en nuestro declive de fertilidad o todas las personas ya estén ocupadas. Con la misma lógica, la exclusividad sexual también está centrada en la escasez/privación. Se asume que cada persona tiene una cantidad limitada de energía libidinal, capacidad de atención, atracción, amor o interés, y si la «reparte» por fuera de su pareja, implicará una pérdida, una disminución o una limitación. Esta idea tan generalizada no se aplica tan linealmente a otro tipo de relaciones amistosas o familiares; no escuchamos frecuentemente que a una madre con más de un hijx se le juzgue por amarles menos que si tuviera unx hijx únicx (Spade). Con esto no quiero afirmar que la atención o la energía libidinal sea infinita; de hecho, el tiempo es una variable claramente limitada. Es cierto que cuando elegimos pasar tiempo con alguien, también estamos eligiendo pasar menos tiempo en soledad o con otras personas. Si pensamos en la vigilancia que existe sobre el uso del tiempo (desarrollaré esta noción más adelante), el tiempo, en relación a la pareja, también está normado.

Los vínculos normativos de pareja son un obstáculo para agenciamientos más comunitarios. Ahora bien, el intento de romper con la mononorma tiene un capital político, ya que implica sacudir los cimientos del dispositivo del amor, siempre y cuando se reconozca que este capital no comienza ni termina ahí. Es decir, que no estemos en pareja o que cuestionemos los modos de estar en pareja no quiere decir que necesariamente estemos apostando políticamente por crear modos de vida más comunitarios o revolucionarios.

Cuando hablamos de revolución lo hacemos en términos foucaultianos:

> [...] la revolución no se reduce –o al menos en una cierta medida– a un prospecto de liberación: es un ejercicio de la libertad. Revolución significa producirse a uno mismo y a otros en las luchas, innovar, inventar lenguajes y redes, es producir, es reapropiarse del valor del trabajo vivo. Es engañar al capitalismo desde dentro (Negri, 2018, 17).[16]

Pero, como cada vez que intentamos hacer algo diferente, hay reterritorializaciones. En este sentido, la fantasía de la independencia total, del no conflicto, de la no relación de poder entre lesbianas, de la ausencia total de celos, de la libertad, hace el terreno más fértil para que, en un mundo absolutamente neoliberal, lo primero que aparezca sea la condena al reclamo. Al ponerse en términos individuales, se obtura la posibilidad de dar lugar a una necesidad. ¿Por qué para quienes luchamos por nuestros derechos en la vida política, no estrictamente relacional o afectiva, cuando se trata de nuestras relaciones, el pedir o el exigir algo se vuelve prohibido, no deseable o condenable?

Hay cuerpos que han sido programados para sentirse sin el derecho a reclamar o para sentir que cualquier expresión de deseo será leída como un reclamo; hay otros cuerpos que se han sentido más interpelados por las voces que animan a tomar las cosas sin dar explicaciones, sin pedirlas, o pidiéndolas de una forma que no permitirá que sea interpretada como un «reclamo». Mientras el reclamo tiene que ver casi siempre con una expresión verbal y se adjudica a una posición «femenina», los cuerpos que llevan a cabo acciones no verbalizadas quedan salvados de ser interrogados o puestos en cuestión. Mientras el reclamo puede expresar un desacuerdo, un dolor o un pedido ante algo, frente a situaciones parecidas hay posiciones que se manifiestan en forma de castigos que terminan funcionando de manera coercitiva.

Señala Dean Spade que la polinorma causa que la gente se juzgue duramente a sí misma cuando aparecen los celos, y termina desalentando a tener cualquier tipo de sentimiento, lo que desemboca en represión sentimental; y observa que muchas de las personas de las comunidades en donde han sufrido violencia sexual o que han sido criad*s como mujeres (en esta cultura de violación) tienen una historia larga de experiencias en las que ha sido complicado identificar lo que está bien para cada quién en el sexo, es decir, reconocer lo que queremos, lo que es una violación, cuáles son nuestros sentimientos reales, cuáles son los impuestos y con quiénes sentirnos libres para expresarlos. Por eso, si hay algo que no necesitamos, dice, son más mensajes que nos digan que nuestros sentimientos en relación al sexo (y al amor, agrego yo) están equivocados (Spade). No hay sentimientos equivocados; en todo caso, podemos reconocer que están allí (aquí) y ver cómo los alojamos para no desalojarnos a nosotras mismas. Por eso, para quienes hemos permanecido históricamente con un vestido de novia esperando en el placar, reconocer nuestros límites, nuestros dolores, y poder decir «NO», «no por ahora», «no así» o simplemente «no» se vuelve un trabajo político imprescindible.

Pareciera, por momentos, que la no-monogamia se instala como mandato y algunos de sus submandatos tienen que ver con el no-conflicto y las no-contradicciones, como si nuestras maquinarias afectivas no hubieran sido ensambladas, programadas y configuradas por el heterocispatriarcado. Es necesario que todxs nos preguntemos por los rasgos patriarcales que conservamos –más allá y más acá de nuestra identidad, nuestra expresión de género y nuestras experiencias vitales–, porque desear otro mundo no nos convierte automáticamente en marcianas.

Gilles Deleuze pone el foco en cómo operan los deseos contemplando el plano inconsciente:

> [...] o bien se construye una máquina revolucionaria capaz de hacerse cargo del deseo y de los fenómenos del deseo, o bien el deseo seguirá siendo manipulado por las fuerzas de opresión y represión y terminará amenazando, incluso desde el interior, a las propias máquinas revolucionarias (Backès-Clément, 1996).[17]

En otras palabras, o nos hacemos cargo de que nuestros deseos no son tan nuestros, o el orden establecido seguirá operando en nosotras por más revolucionariamente deseantes que nos sintamos.

Para poder hacer este movimiento subjetivo, Deleuze propone distinguir dos clases de catexis o investimentos en el campo social.

Las catexis, preconscientes de interés, se refieren a las inversiones conscientes que las personas hacen en función de sus necesidades económicas, políticas u otras motivaciones racionales y conscientes. Estas inversiones pueden ser revolucionarias en el sentido de que buscan cambios significativos en la estructura social.

Por otro lado, las catexis inconscientes de deseo se refieren a las inversiones más profundas e impulsivas que provienen del inconsciente de las personas. Estas inversiones pueden estar en conflicto con los intereses conscientes y pueden incluso ser destructivas o fascistas en su naturaleza. Dice:

> Las catexis de interés pueden ser realmente revolucionarias y, no obstante, permitir la subsistencia de catexis inconscientes de deseo que no lo son o que incluso son fascistas. [...] Al contraponer esos dos tipos de catexis sociales, no estamos contraponiendo el deseo, como fenómeno suntuario o romántico, a los intereses, que serían económicos y políticos; al contrario, pensamos que los intereses se encuentran siempre emplazados allí donde el deseo ha predeterminado su lugar. Igualmente, no hay revolución conforme a los intereses de las clases oprimidas a menos que el deseo haya adoptado una posición revolucionaria que comprometa a las propias formaciones del inconsciente (Backès-Clément, 1996).[18]

Entonces, estas dos formas de inversión no son necesariamente opuestas, sino que están entrelazadas de manera compleja en el campo social. Los intereses políticos siempre están influenciados y determinados por los deseos inconscientes de las personas.

Por eso, una verdadera revolución, una que transforme las estructuras sociales opresivas, solo puede surgir cuando los deseos inconscientes adoptan una postura revolucionaria.

Si tenemos en cuenta esas complejidades de nuestros deseos, ¿cómo nos oponemos al amor romántico a la vez que reconocemos la profundidad de sus raíces en nosotras?, ¿cómo sostenemos nuestro deseo de subvertir aquellos deseos, también nuestros, que despreciamos?

En el cuento «Obsesión» de Clarise Lispector hay una herramienta. Un personaje le dice a otro:

> Es necesario saber sentir, pero también saber cómo dejar de sentir, porque si la experiencia es sublime, se puede volver igualmente peligrosa. Aprende a encantar y a desencantar. Observa, te estoy enseñando algo que es precioso: la magia opuesta al «ábrete, sésamo». Para que un sentimiento pierda el perfume y deje de intoxicarnos, nada hay mejor que exponerlo al sol (Lispector, 1960-1979).[19]

La magia opuesta al «ábrete, sésamo». Un truco para desencantarnos. Sacar los trapitos al sol. Secar nuestras pasiones al sol. Lo contrario a reprimirlas. Exponerlas, mirarlas, analizarlas, un poco de lejos quizás, cuando estén frescas, toquetearlas mientras su olor va perdiendo lo embriagador.

Muchas veces se piensa la sexualidad como el plano más importante de la disidencia, y en este afán sexo-disidente olvidamos las injusticias sexuales que se perpetúan y reproducen en esos mismos planos. No todxs tenemos la posibilidad de ejercer la promiscuidad de la misma manera, ni todxs somos alojadxs de igual modo por la disidencia sexual. Para los cuerpos gordos, discas, no blancos, trans, «diversos», el campo de la promiscuidad y del mercado afectivo se encuentra mucho más minado. En palabras de Caleb Luna:

> Me he vuelto antirromance porque no puedo invertir en el amor romántico. Porque este compromiso es peligroso para mi salud mental. Es una perpetua e íntima exposición a los interconectados sistemas de supremacía blanca, gordofóbica, cisexista y más. Bajo estos sistemas, mi cuerpo no puede ser neutral, o erótico, o deseado sin ser fetichizado más allá del contexto o del reconocimiento. Incluso mi cuerpo resulta invisible en las miradas alternativas creadas por aquellxs que desean desmantelar esos sistemas, que quizás estén más involucradxs en ellos de lo que les/nos/me gustaría admitir o reconocer (Luna, 2016, 176).[20]

Teniendo en cuenta las realidades materiales y simbólicas en las que nos encontramos y se encuentran otres, es necesario preguntarnos desde qué privilegios exigimos radicalidad en el amor, en el sexo, en los vínculos, en la salida del clóset, en la relación con la familia.

Como afirma Manada de Lobxs, decirle que sí al sexo no es decirle que no al poder. Sabemos que, en términos foucaultianos, no hay modo de decirle que no «al poder», y que «ninguna práctica sexual de ninguna índole tiene el poder en sí misma de modificar nada (aunque sea condición *sine qua non* para la mutación de la subjetividad heteronormativa)» (Manada de Lobxs, 2014, 33).[21] Entonces, decirle que sí al sexo no implica decirle no al poder, y esto problematiza el mandato de no-monogamia, amor libre o poliamor como únicos modos disidentes de existencia y resistencia a la lesbohomonorma. Quizás no importe tanto con quiénes ni con cuantxs cogemos, quizás se trate justamente de cómo nos relacionamos con aquellos vínculos que no están definidos por una relación sexual, quizás se trate por momentos de erotizar la amistad, aunque también pueda tratarse de ser generosas con aquellas personas que están en nuestra vida sin que medie lo erótico. Quizás no se trate únicamente de con quién o cómo tenemos o no tenemos sexo, sino de articular la relación entre el amor, el sexo, el poder, el género, la familia y la amistad.

A lo largo de este trabajo he vinculado el dispositivo amoroso –aunque no únicamente– a estar en pareja, o a la aspiración de estarlo y de cómo nos configura de una manera particular a quienes hemos sido programadas mujeres o nos hemos sentido interpeladas por este tipo de educación. También, en este sentido, resulta interesante analizar el papel que cumple el miedo a la soledad como refuerzo de este dispositivo que reconoce como compañía únicamente a los vínculos de pareja y familia:

> La mujer es el artefacto político que no consigue asumir la soledad, siempre en busca de quién la complete, de quién la ampare, la proteja, la cobije, la resguarde, siempre esperando al príncipe –o la princesa– azul, siempre aguardando algo que estimule su abúlico tedio existencial femenino hegemónico de ángel del hogar sin más afirmación que su melancolía. La soledad en el desierto es la forma que reviste el medio de encuentro de quien procura desertar de las formas del yo-soy-mujer, llevándose en la retirada y el éxodo las armas y los afectos necesarios (Manada de Lobxs, 2014, 33).[22]

Quizás para que el amor sea más libre, o las relaciones sean más libres, primero tengamos que entrenar la soledad, nuestra capacidad de estar solxs, de reconocer que este mundo nos programa de una determinada manera; y no pretendernos estar exentas de esos discursos, por más dispuestas que estemos a correr las comas del libreto amoroso heterosexual o incluso a cambiar su ortografía.

Resulta atípico encontrar historias de rupturas amorosas que no se vivan como fracaso, aun cuando el discurso hegemónico amoroso actual ya diga que no existe el amor para toda la vida e inste a *soltar* lo que considera que no *suma*. Aun cuando racionalmente se acepte la finitud de las relaciones amorosas, la ligazón entre fracaso y ruptura, y su consecuente miedo a la soledad, funciona como justificativo para pensar que hay que intentar de todos los modos posibles hacer que «una relación funcione». Este «funcionamiento» de las relaciones no tiene que ver con la transformación del vínculo o con el bienestar de las partes, sino con la supervivencia del vínculo amoroso, con que perviva la pareja. El miedo al fracaso y a la soledad es la mayoría de las veces* lo que sostiene los finos hilos de una relación amorosa, hasta llegar incluso a extremos como la violencia. En este sentido, me parece pertinente la reivindicación que hace Halberstam del fracaso para aplicarla a las relaciones de pareja; si ponerle fin a una implica un fracaso, entonces lo único que nos queda es fracasar mejor:

---

* Sin contar las tantas veces que tiene que ver con una cuestión de dependencia económica.

En vez de simplemente apostar por una reevaluación de esos estándares de lo que es aprobar y fracasar, el arte queer del fracaso desmonta las lógicas del éxito y del fracaso con las que vivimos hoy en día. Bajo ciertas circunstancias, fracasar, perder, olvidar, desmontar, deshacer, no llegar a ser, no saber, puede en realidad ofrecernos formas más creativas, más cooperativas, más sorprendentes, de estar en el mundo (Halberstam, 2018, 14).[23]

Halberstam destaca que fracasar es algo que a las personas queer se nos da muy bien y es una forma de vida. Se pregunta por las recompensas que ofrece el fracaso y se anima a decir que este nos permite esquivar las normas de castigo que disciplinan y dirigen el desarrollo humano con el fin de garantizar el pasaje de una infancia sin normas a una madurez adulta ordenada y predecible. De este modo:

El fracaso conserva algo de la maravillosa anarquía de la infancia y perturba el supuesto claro límite entre adultos/as y niños/as, entre vencedores/as y perdedores/as. Y aunque es cierto que el fracaso viene acompañado de un conjunto de afectos negativos, como la decepción, la desilusión y la desesperación, también nos da la oportunidad de utilizar esos afectos negativos para crear agujeros en la positividad tóxica de la vida contemporánea (Halberstam, 2018, 15).[24]

Hay agujeros: la figura de «la ex», que desarrollamos anteriormente, es un ejemplo. Ante el fracaso de una relación de pareja, el vínculo puede transformarse en algo nuevo que se escapa a la inteligibilidad heterosexual más convencional. Otros agujeros: la soledad, la promiscuidad, un gato, el arromanticismo, la amistad.

Capítulo 3

De cómo nos cronometramos

Tic tac tic tac
Mi reloj biológico dice que es hora
de tomarme una birra.

Piensa en esto: cuando te regalan un reloj te regalan
un pequeño infierno florido, una cadena de rosas,
un calabozo de aire. No te dan solamente el reloj,
que los cumplas muy felices y esperamos que te dure
porque es de buena marca, suizo con áncora de rubíes;
no te regalan solamente ese menudo picapedrero
que te atarás a la muñeca y pasearás contigo.

Te regalan –no lo saben, lo terrible es que no lo
saben–, te regalan un nuevo pedazo frágil y precario
de ti mismo, algo que es tuyo pero no es tu cuerpo,
que hay que atar a tu cuerpo con su correa como
un bracito desesperado colgándose de tu muñeca.

JULIO CORTÁZAR

La dimensión del tiempo y la variable etaria aparejan mandatos sobre los modos de vida y las formas de relación amorosa. La adultez nos brinda algunas pocas herramientas (como la del casamiento o la reproducción) para resolver nuestros problemas e inquietudes; cualquier otra estrategia de supervivencia o modo de vida será marginalizada. Por eso, históricamente, las personas LGBTNB fuimos adolentizadas. Ahora que ya podemos estar legalmente dentro de la institución matrimonial, la caracterización de inmadurez corresponderá a quienes se corran de esos «buenos destinos».

Estos desplazamientos, que no son otra cosa que la manera en que invertimos nuestro tiempo, también se encuentran fuera de la norma y son puestos en cuestión. Halberstam habla de la experiencia queer como experiencia de inmadurez. Para muchas *butch*, tantas veces leídas como adolescentes lampiños, esa experiencia sigue siendo una de infantilización y desestimación sexuada. El tiempo queer es aquel que choca con las narrativas normativas sobre el ordenamiento de las etapas vitales. Halberstam retoma al autor marxista David Harvey para sostener que nuestras concepciones del espacio y del tiempo están organizadas según la lógica de acumulación capitalista y que su carácter producido se oculta bajo el signo de la naturaleza al experimentar el tiempo como una progresión natural y lineal que genera emociones y sensaciones físicas que contribuyen a su naturalización (Halberstan, 2005). A estas caracterizaciones Elizabeth Freeman las llama crononormatividad: «Un modo de implantación, una técnica por medio de la cual fuerzas institucionales llegan a parecer hechos somáticos» (Solana, 2017, 37-65)[1]. Así, las agendas, los relojes y las edades inculcan experiencias temporales y ritmos que parecen naturales.

La idea de que existen modos naturales de ordenar y valorar el tiempo de vida, así como una progresión necesaria, en lugar de arreglos sociales y políticos que privilegian una línea cronológica por sobre otras es un esencialismo temporal. Para Halberstam, estos marcos crononormativos están sustentados por:

> una narración vital dividida por un corte claro entre la juventud y la adultez; esta narración marca una transición obvia desde la dependencia infantil, por medio del matrimonio, hacia la responsabilidad adulta, por medio de la reproducción (Solana, 2017).[2]

La pareja y la familia: darse a la fuga

La sanción de la Ley de Matrimonio entre personas del mismo sexo en Argentina (2010) dio lugar a una paradoja: por un lado puso sobre la mesa los conflictos sexo-genéricos y, por otro, la dependencia de la aceptación de la diversidad sexual en tanto adoptara los valores de la sociedad heteronormativa, la pareja y la familia. Resulta interesante reparar en la institución matrimonial y en la lucha LGBTNB por la defensa del «matrimonio igualitario» o entre «personas del mismo sexo», ya que inciden directamente en nuestros modos de vida, convergen y se sostienen en el discurso del amor.

En relación al matrimonio entre personas del mismo sexo, dice Butler, uno de los problemas más grandes de las campañas a favor es el modo en que fortalecen la jerarquía entre vidas legítimas e ilegítimas. La jerarquía se desplaza desde la distinción entre «lo gay» y «lo hetero» hacia las relaciones queer más o menos legítimas o aceptables (Butler, 1992).

La idea de «el mismo amor, los mismos derechos» o el discurso amoroso como justificativo para acceder a la institución matrimonial, una vez más, funciona como un manto que impide caracterizar al matrimonio como el sistema de castigos y recompensas que es. Este discurso produce un borramiento de las particularidades o de la diferencia con el amor heterosexual en las que reparamos anteriormente de la mano de Ahmed. Volvemos a la pregunta de Javier Sáez: ¿es el amor heterosexual? Como mínimo, podemos pensar que hay amores más heterosexuales que otros y, en esta línea, podemos pensar al matrimonio igualitario como una extensión de los derechos heterosexuales hacia las personas LGBTNB. Se recompensa con ciertos beneficios a quienes puedan y quieran acceder a jugar ese juego y se castiga con privación de beneficios (que deberían ser derechos) a quienes permanezcan por fuera, ya sea porque no logran entrar o porque eligen modos de vida con redes de apoyo que no son compatibles con la institución.

El hecho de que parte de nuestra supervivencia dependa de entrar en la institución matrimonial, la convierte en una medida coercitiva. El acceso a la obra social, a poder migrar, a que alguien nos cuide sin perder su trabajo cuando nos enfermamos no debería depender de estar en pareja y no debería ser un privilegio.

Según Eric Stanley, las feministas, y en particular las feministas negras, han criticado históricamente la institución matrimonial por ser un sistema de acumulación y distribución desigual de riqueza. Si nos interesa luchar colectivamente por el acceso a derechos necesitamos considerar especialmente (y partir desde) las necesidades de las personas más marginalizadas: el matrimonio, por supuesto, beneficia a aquellos que ya cuentan con ciertos privilegios. Para poder obtener la obra social, la ciudadanía o cualquier beneficio laboral es necesario tener un trabajo registrado o acceder a relacionarse con personas que tengan cualquiera de estas condiciones.

Al respecto, Dean Spade señala:

> en general, lo que vemos en los movimientos so-
> ciales es que no hay una retribución hacia l*s más
> marginalizad*s. Cuando empezás por las personas
> que son menos marginalizadas dentro de la socie-
> dad, el bienestar no se filtra, las personas no regre-
> san hacia los sujetos que son dejados atrás (Spade
> y Dector, 2013).[3]

El matrimonio opera como un mecanismo de privati-
zación de recursos y, a su vez, funciona inhabilitando
el reclamo colectivo sobre ellos. Derechos o beneficios
se resuelven individualmente (y por individualmente
aquí también se entiende en pareja o en familia) y no
de manera colectiva. Estas «conquistas» tan acotadas
obturan la capacidad de imaginar otros horizontes
posibles, de poder realizar un análisis más profundo
de los problemas, cuyas soluciones no limiten nuestras
formas de cohabitar el mundo. Casarse para poder
migrar es solo posible por la idea de que «el amor
no debería tener fronteras», pero lo que permanece
detrás es la incuestionabilidad de las fronteras y la
noción de que solo el amor oficiará de pasaporte. Y
no cualquier amor: cuanto más blanco, mejor.

Si lo que se necesita es una ciudadanía, deberíamos
luchar para cambiar las políticas migratorias; si es
una obra social, habría que trabajar con el acceso a

la salud; si necesitamos las licencias por cuidados, es necesario pelear por ampliar la protección social; si queremos decidir a quién dejaremos nuestros bienes, deberíamos intentar cambiar la lógica familiarista de la herencia. Pensar estos problemas por separado y por fuera del matrimonio es disputar poder a las instituciones del amor que son la familia y la pareja. Si la gente que no tiene hijos no hereda a sus afectos no familiares, no es necesariamente porque no quiera; tampoco llega a ser por falta de imaginación, sino que directamente es porque en Argentina el sistema legal no permite decidir libremente a quién heredar o desheredar.

El debate por el matrimonio en personas del mismo sexo adquiere una importancia crucial en momentos de pérdida, pero ¿qué pasa cuando las relaciones no reconocidas por el Estado son vínculos primarios entre amigas, o entre exparejas? Si tenemos en cuenta que la heteronormatividad implica la reproducción cultural a través de nuestra forma de vivir en relación con otras personas, es importante que las vidas lesbianas o queer no sigan los guiones de la cultura heteronormada, o no se vuelvan homonormativas.

La pirámide de Rubin vuelve a hacerse presente: nos resulta útil para entender cómo nuestras elecciones vitales nos pueden acercar a la cumbre, pero por más heterosexuales que sean nuestras vidas, por más hijes que tengamos, por más casadas que estemos, las lesbianas nunca vamos a encabezarla. En este sentido, la asimilación es el deseo de acercarse a un ideal al que por definición no se puede llegar, y la opción matrimonial funciona como un ascenso limitado (no hay lugar posible en la cumbre) en términos jerárquicos. Además, como dijimos, desplaza y jerarquiza desde la distinción entre lo LGBTNB y lo hetero a las vidas queer más o menos legítimas y reconocidas. El premio consuelo para quienes lo intentan con esmero.

En *Ética amatoria del deseo libertario,* Ludditas Sexxxuales señalan que, hasta la década de los 90, y pese al VIH, los putos promiscuos y las lesbianas BDSM lograron evadirse del reparto de roles, de los mandatos vinculados a la pareja, la monogamia y el amor. Sin embargo, la pandemia del miedo a la inmunodepresión acabó disciplinando a aquellas formas de vida amistosas que, seducidas por la posibilidad de pertenecer, sucumbieron a su actual forma heteronormada (Ludditas Sexxxuales, 2012).

En este aspecto, es interesante la hipótesis que plantea Kenyon Farrow respecto a que la crisis del sida afectó directamente y de manera muy profunda a hombres gais blancos adinerados, lo cual produjo que muchas personas que jamás se habrían involucrado en política activaran de una manera no progresista, generando una suerte de *lobby* que contaba con grandes recursos de aquellos que habían muerto y dejado sus fortunas a organizaciones gais. En esta misma línea, Eric Stanley señala que se puede rastrear cómo la historia de la lucha por el matrimonio se vuelve la cuestión central en las políticas LGBT al momento de rastrear el dinero y que muy poca gente fue la que decidió intencionalmente que este asunto iba a ser lo que este tipo de supuesta comunidad colectiva iba a tener que militar.

Así, en Estados Unidos se pasó de una comunidad gay que reclamaba cosas como el fin de la familia burguesa y la abolición de la pena de muerte y de la religión institucionalizada a una agenda que Muñoz caracteriza como anémica y pragmática, una forma de pensar y actuar que busca cambios prácticos y alcanzables en lugar de transformaciones radicales, y que continúa vigente hoy en día (Muñoz, 2020).

A partir de la inclusión de hombres gais dentro de un tipo de ciudadanía masculina blanca y plena fue posible que mucho de aquel dinero y recursos se empezara a redireccionar del VIH/sida hacia otros tipos de reivindicaciones gais, como el acceso a servir en el ejército, el matrimonio entre personas del mismo sexo, la lucha contra crímenes de odio y la no-discriminación laboral (Spade y Dector, 2013).

Resultan enriquecedores los aportes de Ruthann Robson (2009) en su texto *Compulsory matrimony*, en donde toma la idea de heterosexualidad obligatoria de Rich para pensar el matrimonio como institución política con una variedad de fuerzas que lo imponen, organizan, propagandizan y controlan. En este sentido, analiza las medidas económicas ventajosas que otorga el Estado a las personas que contraen matrimonio, la forma en que la ley tolera la discriminación contra las personas no casadas y privilegia a quienes sí lo están y los mandatos sociales específicos que recaen sobre todo en las mujeres, lo que ya hemos mencionado anteriormente como *fatalismo de género* (Ahmed, 2019). Todos estos mecanismos vuelven obligatoria la institución matrimonial.

¿Por qué una persona con la que se comparte la economía debe ser la misma que toma las decisiones médicas?, ¿por qué la pareja reconocida legalmente y la familia deberían ser lxs únicxs que heredan? Desarmar ese entramado ligado a la conyugalidad y familiaridad permitiría reconocer y dar lugar a una multiplicidad y variedad de vínculos. Foucault propone tomar la cultura gay (o lésbica, en este caso) en sentidos que escapen a la mera elección sexual,

> una cultura que invente modalidades de relaciones, modos de existencia, tipos de valores, formas de intercambio entre individuos que sean realmente

nuevos, que no sean homogéneos ni puedan super-
ponerse a las formas culturales generales (Foucault,
2015).[4]

También sugiere abandonar la política asimilacionista
de reintroducir la homosexualidad en la normalidad
general de las relaciones sociales para hacer un movimiento contrario:

> Dejémosla escapar en la mayor medida posible al
> tipo de relaciones que se nos proponen en nuestra
> sociedad y procuremos crear en el espacio vacío
> donde nos encontramos nuevas posibilidades rela-
> cionales. Al proponer un nuevo derecho relacional,
> veremos que personas no homosexuales podrán
> enriquecer su vida gracias a la modificación de su
> propio esquema de relaciones (Foucault, 2015).[5]

En consonancia con estas ideas, Ludditas Sexxxuales
comentan:

> no es cuestión de celebrar la diversidad sino de
> crear y defender las condiciones que permitan al-
> bergar y resguardar y mantener las vidas que resis-
> ten los modelos de asimilación (Ludditas Sexxxua-
> les, 2012).[6]

Este espacio vacío al que se refiere Foucault despe-
jaría las fronteras para activar y ampliar nuestra

imaginación política. Es necesario agregar que de desafiliarse de los guiones sexogenéricos asignados es justamente de lo que se trata la experiencia queer, y esto, aunque de manera compleja, abarca cualquier posicionamiento sexuado; el querer torcer un deseo instituido no necesariamente le corresponde a alguien LGBTNB.

El problema, en suma, no es casarse o no; de hecho, es una de las estrategias posibles para garantizar algunos asuntos vitales básicos y muchas veces la vida misma de las personas. Pero el matrimonio es a fin de cuentas una estrategia individual, una institución que distribuye castigos y recompensas. Nuestras decisiones «individuales» no solo impactan en quien las toma. Al respecto dice Willse:

> De manera que existe esta cosa individualizada, excepcionalidad, que sucede cuando alguien se casa, que se supone que debemos verlo únicamente como una elección personal, con un significado personal que es diferente para cada persona. Pero así es la vida dentro de las instituciones. Siempre hemos tenido experiencias personales con las mismas, y es siempre un poco diferente para todo el mundo, y tenemos nuestro propio cuerpo de sistemas de significados en donde trasladamos la experiencia de ser parte de una institución (Spade y Dector, 2013).[7]

Es necesario mencionar que, cuando hablamos de castigos y recompensas, estamos hablando de cosas tanto materiales como simbólicas: regalos, facilidades, permisos; pero también aceptación, simpatía, sonrisas, felicitaciones cuando proclamamos que es «por amor». El matrimonio es una forma estructural de desigualdad.

Pensar de manera pragmática tomando únicamente como referencia lo que está reconocido cuando vivimos en una sociedad heterociscapitalista no solamente colabora a sostener y expandir la desigualdad, sino que atenta contra la posibilidad de imaginar un futuro cuir; directamente, atenta contra la imaginación.

Lo práctico y falto de imaginación sería sumarnos a lo que ya está, y lo reconocido como lo que hay es lo cisheterosexual. La agenda práctica es que nos derramen sus derechos y adaptemos nuestra forma de vida derretidxs bajo su lava fulminante.

En los márgenes del amor. Juntar nuestros pedazos

> *«Haceme lo que quieras», me dijo. Y lo cuidé.*
>
> IOSHUA

> *No sé por qué, siempre, cada noche sueño con*

las mejores amistades que llegué a encontrar en este espacio tan diverso. Mis sueños no cesan, se confunden, se aceleran, se multiplican y despierto pensando ¿dónde estoy? ¿Estamos juntas?

ALICIA CAF*

En capítulos anteriores hablé sobre la capacidad de ejercer cuidados y su distribución desigual en personas programadas mujeres y varones. Por cuidados entendemos todas las actividades y prácticas necesarias para la supervivencia cotidiana de las personas en la sociedad en la que viven; la atención a las necesidades de las personas dependientes, por su edad o por sus condiciones/capacidades, y también de las que podrían autoproveerse esos cuidados (Rodríguez Enríquez, 2015, 30-44).

La bibliografía sobre los cuidados heterosexuales, es decir, para familias, parejas heterosexuales y con hijes, es amplia y ha crecido exponencialmente en las

* Alicia Caf impulsó Sueños de Mariposas, un proyecto de casa comunitaria para lesbianas mayores; murió el primero de agosto de 2021 a causa de una complicación pulmonar derivada del COVID, en una situación habitacional muy precaria, demostrando una vez más la importancia y la urgencia de su causa.

últimas décadas. Si bien se trata de un aporte fundamental para el pensamiento lesbiano –¿cuántas lesbianas son las únicas que terminan haciéndose cargo
de algún miembro de su familia de origen mientras
que sus hermanos cis varones apenas colaboran?–, todavía hay aspectos que no se han problematizado lo
suficiente, por ejemplo: la situación de aquellas identidades no-normativas que deciden hacer otra cosa,
que apuestan a tejer otras redes por fuera de la lógica
de la familia o la pareja. Como dice Ahmed:

> Cuando un mundo entero está organizado para
> promover tu supervivencia, desde la salud hasta la
> educación, hasta los muros diseñados para salva-
> guardar tu residencia, hasta los caminos que faci-
> litan tu viaje, no tienes que ser tan creativa para
> sobrevivir (Ahmed, 2019).[8]

Ahmed retoma a Audre Lorde, quien sugiere en *Burst
of Light* que algunas tenemos que ser inventivas para
sobrevivir. Cabe hacer la precisión, sin embargo, de
que Lorde está refiriéndose a esta inventividad a partir de la lucha contra el racismo, una situación des-
privilegiada desde el momento en que se nace con
cierto color de piel. Reconozco, entonces, que se trata
de opresiones distintas pero que pueden articularse
a partir de las estrategias de supervivencia generadas
por cada grupo en relación a un grupo hegemónico.
Pero, ¿quién cuida de (o cómo se cuida) la lesbiana,

la persona trans, bi, o la marica que no se relaciona con su familia de origen y no vive o está en pareja, cuando se enferma? Como se pregunta Caleb Luna, ¿quién cuida de nosotr*s cuando somos solter*s?

Vivir con y para las amigas es mucho más común cuanto más joven se es. Al acercarse la década de los 30, esta forma de vida pierde reconocimiento social y comienza a haber una idea generalizada de la importancia de vivir en (y para la) pareja y, efectivamente, es mayor la cantidad de gente que se encuentra en una.

La certeza de que alguien cuidará de nosotras cuando estemos enfermas, o que nos prestarán dinero si nos quedamos sin trabajo, o que tendremos un lugar donde dormir si nos quedamos sin casa, parece un privilegio reservado a la pareja. Hay un acuerdo social implícito respecto a que estos cuidados son deberes de la pareja, pero no hay una idea social generalizada de que son cosas que deba cumplir una buena amistad. Si alguien se queda sin casa y su novix no la invita a vivir a la suya hasta que resuelva su situación, probablemente habrá una sanción social o, al menos, una opinión sobre lo mala novia que esta persona es, mientras que no se juzgaría rápidamente a una amiga por no ayudar activa y materialmente ante la misma situación. Pareciera ser que de la amistad solo esperamos ayuda y contención afectiva, pero lo material y concreto queda reservado a la pareja y la familia.

Antes de estar tan asimiladas al sistema heterosexual, las lesbianas no contábamos con la misma posibilidad de conformar una familia o una pareja reconocidas; aunque hay vastos registros de los dolores y limitaciones que esto produjo en muchas vidas, a su vez, en muchos casos, las redes amistosas se vieron por consecuencia fortalecidas para asegurar nuestra supervivencia. Hoy, con muchas en pareja fuera del clóset, con la posibilidad de casarnos y adoptar, con familias que se ven impelidas a tolerarnos y a no expulsarnos abiertamente de nuestros hogares de origen, estas redes se ven debilitadas.

Como dije antes, hay personas que nacen amadas y cuidadas, mientras otras tienen que insistir en que importan, por eso, a diferencia de las políticas liberales del yo, de la exigencia selectiva del amor propio, está el autocuidado. Para las personas que tienen que recordar todo el tiempo que importan, el autocuidado es una guerra. El autocuidado es un rechazo al «no importar». No tiene que ver con velar por la felicidad personal sino con encontrar maneras de existir en un mundo que dificulta la existencia. En este sentido, Ahmed piensa el privilegio como una zona de amortiguación, de apoyos que están dados y naturalizados como derechos. Tener privilegios no implica que estemos exentxs de que nos sucedan cosas malas: podemos enfermarnos, podemos perder el trabajo, podemos tener un accidente, pero el privilegio reduce los costes de la vulnerabilidad, tenemos más posibilidades de que velen por nosotras, es decir, las zonas de apoyo, por defecto, están allí.

Cuando nos cuidamos a nosotras mismas estamos redirigiendo el cuidado. No estamos cuidando a quienes se supone que debemos cuidar; no estamos cuidando los cuerpos que en teoría merecen ser cuidados (Ahmed, 2019). A veces, autocuidado puede ser alejarse de la familia y, a veces, conservarla; a veces, hacerse una amiga, y otras, cuidarla. Autocuidado es también la creación de comunidades frágiles, es cultivar amistades que velen por nosotras.

Se elige a quién se cuida y eso es un acto político. La política puede ser leída de muchas formas y una de ellas es aquello que acontece por fuera de lo esperado. Entonces, lo político no está dado únicamente por lo que nos pasa, a quién amamos o de quién nos enamoramos, sino que tiene que ver con qué hacemos con eso que sentimos, cómo gestionamos lo que nos pasa. Es necesario desconfiar de nuestro deseo en términos románticos, cuestionarnos de quién nos enamoramos, pero también es muy necesario cuestionar a quiénes elegimos dedicar nuestro tiempo, nuestra energía y nuestro dinero más allá de con quién tenemos sexo o un vínculo amoroso. A quién le compartimos nuestra obra social, nuestra ciudadanía; a quién invitamos a comer, llevamos a su hije a la escuela, le hacemos regalos, paseamos a su perro cuando está enfermx, mantenemos cuando no tiene ingresos; o con quién compartimos la economía. Es necesario dar un lugar importante a los cuidados materiales, además de los emocionales y afectivos a nuestros vínculos no románticos.

Si pensamos en los cuidados como una cuestión de supervivencia,

> una política feminista de la fragilidad podría basarse no solo en cómo sobrevivir a aquello contra lo que chocamos, sino también en cómo permitir que las relaciones fácilmente amenazadas por aquello contra lo que chocamos sean duraderas (Ahmed, 2019, 236).[9]

Se tiene que ejercer esta política como una práctica cotidiana y activa que no solamente se trate de desear el bien a compañeras y salir de los modos de competencia con los que el sistema nos cría y nos acostumbra, sino de pensar políticamente a quiénes ayudamos a no morir, a quiénes nos esforzamos por mantener vivas, alegres y a nuestro lado. Como decía Alicia Caf, «envejecer juntas, con nuestros propios cuidados, nuestras propias experiencias, nuestras tristezas o dolores, no puede ser un sueño» (Caf, 2017).[10]

Hay algo que estamos aprendiendo en el orden del género, pero que creo es una herramienta útil para otras cosas: dejar de asumir y animarse a preguntar. Preguntar por los pronombres de nuestrxs interlocutores conlleva compartir, al menos, una pizca de la incomodidad que implicaría para la otra persona tener que corregirnos. Algo similar sucede con los cuidados, tenemos que dejar de asumir qué es lo que la otra persona necesita, bajo alguna reversión de la consigna que tan insistentemente nos enseñaron: «No le hagas a otros lo que no te gustaría que te hagan». No somos todes iguales, no necesitamos lo mismo, ni nos dan placer las mismas cosas (lo absurdo de esta consigna es hasta gracioso si lo pensamos en términos de BDSM).

En relación a los cuidados, vale el esfuerzo dejar de creer que sabemos lo que la otra necesita y transitar la incomodidad que implica preguntar en qué te puedo ayudar y que la respuesta sea algo que quizás no tenemos ganas de hacer. Decir «avísame si necesitas algo» es de alguna manera responsabilizar a la otra persona de pedir ayuda, y debemos tener en cuenta que pedir ayuda en un contexto de necesidad muchas veces es más difícil que ofrecerla cuando se está en una posición no tan necesitada.

Tenemos que poder hacernos cargo las unas de las otras de una manera material, porque si no, dejamos nuestra supervivencia en manos de la familia y la pareja, y sabemos los costos impagables que eso tiene para algunas.

Lorde dice en *Outside Sister* que «para sobrevivir a la intemperie tenemos que volvernos de piedra»,[11] así como también dice que «nos magullamos al golpearnos contra quienes tenemos más cerca».[12] Se refiere con ello a lo fácil que resulta que las mujeres negras se hieran entre sí viviendo en un mundo tan duro (Ahmed, 2018). Sara Ahmed explica que para Lorde la dureza no es la eliminación de la fragilidad, sino las gestiones que realizamos para con ella. Cómo romper sin rompernos o, en todo caso, cómo recoger nuestros pedazos.

Podemos buscar referencias y pistas en lo que ya hay; en términos de Haraway, debemos aprender a recordar que podríamos ser de otra manera: las lesbianas tenemos hermosos ejemplos de cuando estas redes son fuertes, de cómo no nos dejamos morir en soledad, ni pasar frío, ni ir a la cárcel; de cómo nos cuidamos con nuestras exnovias, amigas, amantes y compañeras de militancia; de la resistencia que tejemos entrelazando nuestras fragilidades.

Ser promiscuas: un reloj que se derrite

Que fantástica fantástica esta fiesta.
Esta fiesta con amigos y sin ti

Raffaella Carrà

La calle es nuestra, la noche también.

«No espero que empiece el carnaval para ser puta, lo soy todos los días todo el día», canta Pabllo Vittar, y nosotras bailamos en un gesto que aclama que no nos vamos a acomodar a la agenda de vida capitalista y patriarcal. Bailamos con movimientos que nos mantienen avivadas en un contexto de desolación, racismo neoliberal y criminalización de toda disidencia en el que la poca plata que tenemos en las manos se va desvaneciendo día a día y la cerveza en un boliche se vuelve rápidamente un bien de lujo. Creamos y fortalecemos redes afectivas y espacios de recreación porque son indispensables para nuestras existencias precarias. Ya nos lo recordaba Foucault en 1988: no es necesario ser triste para ser militante aunque lo que se combata sea abominable.

Hace unos años, en Argentina, la Asamblea Lésbica Permanente impulsó la consigna política «sobrevivir no es suficiente», una reformulación posible de la vieja consigna *«Gay is not enough»**; ser lesbiana

---

* «Ser gay no es suficiente» es una consigna que menciona John Waters en el documental *Queer Core, How to Punk a*

no es suficiente, sobrevivir tampoco. Nuestros modos de vida nos importan. No queremos ser asimiladxs, queremos vivir como se nos dé la gana, y como se nos dé la gana excede el que no nos maten o el conseguir un trabajo que alcance para pagar un alquiler y llegar a fin de mes.

La promiscuidad y la fiesta se presentan como resistencia a los modos asimilacionistas a los que somos seductora y constantemente invitadxs; se oponen a la imposición de la tristeza y solemnidad como modo de vida, y también se oponen a la promesa de la felicidad como recompensa si vivimos una vida respetable. En 1934 lo disputaba Emma Goldman:

> En los bailes yo era una de las incansables y de las más alegres. Una noche un primo de Sasha [Alexander Berkman], un jovencito, me hizo a un lado. Con cara seria, como si me fuese a avisar de la muerte de unx queridx compañerx de lucha, murmuró que no era apropiado que una agitadora como yo bailara. Ciertamente no con tanto desparpajo y relajo. Era indigno especialmente de alguien que estaba camino a convertirse en una poderosa fuerza dentro del movimiento anarquista. Mi frivolidad solo podía dañar La Causa. Me enfurecí ante la impúdica interferencia del muchacho. Le dije que se metiera en sus asuntos, que estaba

Revolution (2017).

cansada de que se me enrostrara La Causa todo el tiempo. No creía que La Causa que representaba un hermoso ideal, el anarquismo, la liberación y la libertad, la emancipación de las convenciones y los prejuicios demandara la negación de la vida y el goce. Insistí que nuestra Causa no debía esperar que me hiciera monja, y que el movimiento no debía convertirse en un claustro. Si significaba eso, entonces no la quería. «Deseo libertad, y derecho a la autoexpresión, el derecho de cada unx a cosas bellas y radiantes». El anarquismo significaba eso para mí, y lo viviría así a pesar de las prisiones, las persecuciones, de todo. Sí, incluso en contra de la condena de mis propixs compañerxs de lucha, yo viviría mi propio ideal (Goldman, 2017).[13]

Y como vemos con la indignación y obstinación de Goldman, el reclamo por la diversión, la noche, el movimiento no reglado de los cuerpos no es nada nuevo. Retomemos la pirámide de Rubin en la que les promiscues se revuelcan en la base. Podría pensarse que la caída al fondo de la escala social es mucho más fácil que el ascenso, sin embargo, la promiscuidad sigue siendo un territorio de conquista para mujeres, lesbianas y bisexuales, ya que no hay baños, teteras o cines porno a los que estemos invitadas. Los lugares swingers son territorio de intercambio heterosexual y al único cuarto oscuro en donde solemos ser bienvenidas es al de las elecciones.

Me interesa trabajar con una idea expandida de fiesta, con los bordes borroneados y difusos porque el contexto de la fiesta desborda prácticas sociales productivas, la especificidad de un espacio y un comportamiento determinado de los cuerpos: la fiesta aloja al baile y al sexo, que tienen varias cosas que nos interesan en común. Para empezar, tanto el baile como el sexo priorizan los movimientos corporales a los actos verbales y ambos se encuentran confinados a campos de pertenencia específicos reglados. No cogemos en cualquier lado ni en cualquier momento, así como no bailamos en cualquier lado ni en cualquier momento. Aunque a primera vista ambas actividades parezcan libres, muchas veces también están, de alguna manera, guionadas con reglas sociales y culturales precisas que gobiernan a les participantes y a sus acciones. Aun así, cree Juana María Rodríguez que:

> tanto el baile como el sexo crean oportunidades para nuevas interpretaciones, performadas y recibidas en cada instancia de su producción, haciendo que cada articulación sea [potencialmente], a la vez, enteramente iterativa y enteramente nueva (Rodríguez, 2016).[14]

Por supuesto que, como en cualquier tipo de evento social, hay un guion prestablecido y, claro está, hay fiestas más guionadas que otras. Pero cuando algo más carece de importancia social, menos reglado está, y «la fiesta» va perdiendo estatus social a medida que se va abandonando la juventud.

En este sentido, «la fiesta», que son las fiestas y la fiesta en *loop*, propone una relación distinta con el tiempo; para empezar, porque ocurre en un tiempo devaluado, pero también, y quizás también en parte por ello, lo que ocurre ocurre de manera no preescrita. Juana María Rodríguez propone pensar estos elementos de la fiesta de manera conjunta:

> el sexo y el baile indexan dimensiones espacio-temporales tanto de la materialidad como de lo efímero. Al pensar en ellos únicamente desde el movimiento corporal o desde la experiencia afectiva, se pierde el dinamismo (y tal vez la excitación) que desencadenan sus *performances* (Rodríguez, 2016).[15]

Esta excitación creo que puede tener que ver con el desafío de los mandatos temporales de la productividad.

Halberstam explica que en nuestras sociedades contemporáneas se agrega un valor superlativo a ciertas prácticas temporales por sobre otras. De este modo, se celebra la longevidad como el futuro más deseable y, en un mismo acto, se patologiza a quienes no persiguen una vida extendida, como podría ser el caso de suicidas y drogadictxs; y se construye la adolescencia como un periodo peligroso que hay que abandonar lo más pronto posible para alcanzar la madurez (Halberstam, 2005). Se clasifican ciertas actividades, comportamientos e incluso movimientos de los cuerpos como adolescentes y se impulsa socialmente a abandonar esas conductas, hacerlas lo menos posible o únicamente en ocasiones especiales. En esta lógica, la circulación y el movimiento de los cuerpos, su revoloteo tanto sexual como de baile, va quedando confinado a medida que se acerca la mediana edad (sobre todo en la heterosexualidad y la clase media) a casamientos, grandes festejos de cumpleaños, gimnasios, carnavales o bailes sociales como salsa o tango.

Estos actos de constitución temporal también son performativos, en términos de Fabian Johannes (1983), son una política del tiempo propia de un discurso hegemónico. Nos impulsan a que nos guste salir y divertirnos, pero no demasiado; a que seamos simpáticas y seductoras, pero lo justo para no perder la decencia. La fiesta sin excusa, la promiscuidad y el consumo de sustancias para uso recreativo aparecen también ligados a comportamientos adolescentes en contraposición a la vida «sana» en pareja o familiar de la adultez. Las acusaciones que recaen sobre lxs sujetos queer en relación a la madurez son reapropiadas por autorxs como Fabian, Love y Halberstam para reconocer en ellas el potencial crítico de los sentimientos de relego y atraso de lo queer. En este sentido, podemos hacer referencia a cuando se les trata de «niñes o adolescentes que se niegan a crecer» o personas que atraviesan una etapa, acusación dirigida especialmente a las personas bisexuales, como si el resto de las personas no las atravesaran.

Halberstam (2018) toma la idea del tiempo queer más allá de las disidencias sexogenéricas y piensa en otras experiencias que rompen con las narraciones crononormativas como el uso de drogas y la temporalidad lúdica que generan; recupera la imagen de un reloj derritiéndose de Salvador Dalí o la idea de «tiempo *junky*» de William Burroughs. Ir de fiesta se ubica como frivolidad, como vacío, como superficial. La frivolidad no se mide y, por lo tanto, no se sanciona cuando se trata de hacer cosas que «hacemos todxs», como invertir días enteros en mirar series en internet o ser fanáticx del fútbol. En palabras de Sara Ahmed, es fácil pasar desapercibidx e incluso acompañadx cuando se trata de recorrer caminos que están despejados porque ya fueron recorridos por la mayoría, o que están repletos, pero fluyen porque mucha gente va en el mismo sentido; sin embargo, cuando nos apartamos de estos caminos, o vamos en sentido contrario, o cuando estamos en el fondo de la pirámide, necesitamos crear nuestros propios sistemas de apoyo. Hacer cualquier cosa diferente resulta, molesta al tráfico humano, llama la atención, por lo que permite fácilmente ser juzgadx aunque se trate de algo en apariencia tan naíf, poco relevante, inofensivo, como el tiempo libre. No se mide la profundidad de todos los usos del tiempo libre, pero sí se mide a quienes invierten tiempo y dinero en salir de fiesta y tener vínculos sexoafectivos que duran días, horas o tan solo un par de minutos.

Invertir tiempo, dedicación y dinero en fiestas tiene que ver con apoyar lo impredecible, lo que no es productivo en términos capitalistas y que implica una participación e interacción activa con las otras de un modo irreverente. Una inversión de alto riesgo a la hora de pensar la retribución futura de garantías sociales heterocapitalistas.

Hay un poema de Roberto Juarroz que dice:

> A veces me parece
> que estamos en el centro
> de la fiesta
> sin embargo
> en el centro de la fiesta
> no hay nadie.
>
> En el centro de la fiesta
> está el vacío.
>
> Pero en el centro del vacío
> hay otra fiesta.

Queremos explorar esa otra fiesta que está en el centro del vacío, queremos liberarnos de tener que ser profundas, sanas y centradas, porque no estamos en el centro, y porque en el centro del vacío podemos construir una fiesta.

Ser lesbiana o bisexual no es una fiesta, pero por momentos puede serlo. El desvío de la heterosexualidad es un camino sinuoso pero, además de mostrar sus baches, resulta también interesante mostrar el goce y el placer. Narrarlo no desde una revolución del éxito y la alegría, sino desde el encuentro de los cuerpos en el tropiezo, los frotes en la caída, los abrazos en el fondo del pozo, las fiestas en las terrazas. Hay un mundo donde el pan y los placeres se multiplican, y no se encuentra en la Biblia.

En el tiempo del amor, la amistad va contra reloj

> *Para hacer la revolución se necesita una amiga, y otra y otra.*

Me propongo ahora, quizás de manera sintomática, luego de haber hablado de amor y rodeado el amor, trabajar sobre la amistad. De manera sintomática –porque bien podríamos hablar de la amistad sin

introducirla con otras afectividades–, lo que intentamos realizar es un recorrido por los modos en que se
han teorizado, privilegiado y pensado afectos con la
esperanza de poder explorarlos y desarmarlos o, al
menos, sacudirlos.

Realizando un breve repaso histórico, en la entrevista «Sexo, poder y la política de la identidad», Foucault comenta que está interesado por la cuestión de
la amistad y señala que la amistad constituyó en la
época clásica una relación social muy importante que
permitía cierta libertad, cierto tipo de elecciones y de
afectividades intensas. A su vez, tenía implicancias
sociales y económicas porque era obligatoria la ayuda entre amigos. Durante los siglos XVI y XVII, ese
tipo de amistad desapareció, al menos en la sociedad
masculina. A partir del siglo XVI, surgieron textos que
critican explícitamente la amistad por su grado de
peligrosidad; y enumera al ejército, la burocracia, la
administración, las universidades, las escuelas, –en sus
sentidos modernos– como instituciones que requieren
que afectividades tan intensas como las de la amistad
no existan para poder funcionar. Apuesta a que la
homosexualidad (el sexo entre hombres) se volvió
un problema social a partir del siglo XVIII porque
la amistad había desaparecido. Mientras la amistad
era considerada algo importante, a nadie pareció in-
teresarle que los hombres cogieran, se abrazaran o
se besaran entre sí y, debido a que no tenía ninguna

implicación social, era culturalmente aceptado. Sin embargo, una vez que la amistad desapareció como relación social tan aceptada culturalmente, apareció la pregunta sobre qué hacen los hombres juntos. «La desaparición de la amistad como una relación social y la declaración de la homosexualidad como un problema social/político/médico forman parte del mismo proceso» (Foucault, 1984).[16]

Ya durante el siglo xx la amistad comenzó a ir más allá de la idea de vínculo interpersonal y devino una práctica social que comenzó a tener más protagonismo en los espacios afectivos, políticos y económicos antes ocupados por la familia tradicional. Ferrer piensa la amistad/afinidad como el sustrato social del anarquismo, porque funciona como amparo contra la intemperie capitalista, ya que supone ayuda mutua, económica, afectiva e incluso política, «convirtiéndose así en tónico y red fundante de la sociabilidad actual» (Ferrer, 2004).[17] Explica que las transformaciones culturales de este siglo, sumadas al desvanecimiento del «hogar» como espacio económico obligatorio, propiciaron la amistad entre mujeres, y entre hombres y mujeres:

> Todas estas formas de la amistad eran casi insignificantes en el siglo xix o bien su radio de acción era muy limitado. Mucho más que los viajes al espacio o internet, son estos formatos emotivos las grandes

innovaciones que hay que colocar a beneficio de inventario del siglo XX (Ferrer, 2004).[18]

El dispositivo del amor en Occidente se ha puesto en marcha desde el siglo XII contra otro tipo de afectaciones, menos románticas o familiaristas como la amistad. Al respecto, dice Tiqqun en *Introducción a la guerra civil*:

> Es preciso reconocerle, a través de la falsa alternativa que ha terminado por imponer en todas partes («¿me amas o no me amas?»), un tipo de eficacia bastante temible en lo que se refiere a enmascarar, reprimir y pulverizar toda la gama altamente diferenciada de los afectos, todos los grados por cierto patentes de las intensidades que pueden producirse en el contacto de los cuerpos. Con esto, ha servido para reducir la extrema posibilidad de elaboración de los juegos entre formas-de-vida (Tiqqun, 2008).[19]

Esta dicotomía se desparrama con un discurso que exige una pregunta constante por lo que es (¿Es esto amor? ¿Estoy enamorada? ¿Le amo?) y a su vez exige que esta respuesta sea irracional, inmediata, espontánea, corporal y mágica. La idea de que el estar enamoradx viene con una certeza simplemente se sabe. Esta respuesta corporal no tiene que ver con una filosofía spinoziana de experimentar y buscar las pasiones alegres, la potencia de los cuerpos, sino que es una pregunta que solo busca como respuesta la pasión amorosa, no importa si esa sensación fuerte es la tristeza, la inseguridad, la desesperación, los celos; tiene que ver únicamente con la idea de lo irremediable, lo que no se puede controlar, lo que no se puede elegir. El «sí» o «no» como respuesta, que es seguida por la inacción. Como esa frase bella y romántica de Julio Cortázar: «Como si se pudiese elegir en el amor, como si no fuera un rayo que te parte los huesos y te deja estaqueado en la mitad del patio» (Cortázar, 1996).[20] En una de las paredes de un espacio cultural LGBTNB predominantemente lesbiano hay una pintada como decoración del lugar que dice: «El amor es todo menos duda». Sin embargo, si algo hemos aprendido las feministas es a sostener la sospecha, a dudar, a no dar por acabado ni totalizar. ¿Por qué entonces no deberíamos dudar del amor?

En contraposición al repertorio monocromático, unívoco y binario de afectación amorosa, existe esta gama diferenciada de los afectos que distingue Tiqqun, en la que se encuentra la amistad. A diferencia del amor de pareja(s), el amor entre amigas tiene permitido un amplio espectro de intensidades. No se pregunta incansablemente por lo que es ni necesita reafirmarse continuamente.

Roland Barthes ha escrito al respecto que:

> como una mala sala de concierto, el espacio afecti-
> vo tiene rincones muertos, donde el sonido no cir-
> cula. El interlocutor perfecto, el amigo, ¿no es en-
> tonces el que construye en torno nuestro la mayor
> resonancia posible? ¿No puede definirse la amis-
> tad como un espacio de sonoridad total? (Barthes,
> 2005).[21]

En línea consonante, se preguntan Ludditas Sexxxuales:

> Si Spinoza tiene razón y un afecto no puede ser
> reprimido ni suprimido sino por medio de otro
> afecto contrario y más fuerte, los celos, la mono-
> gamia, la envidia, inmanentes al Amor romántico,
> solo podrán ser superados por algo contrario y más
> fuerte, por ejemplo, una buena amistad (Ludditas
> Sexxxuales, 2012).[22]

Retomamos nuestra reescritura de Simone Weil: la
amistad, en el caso de alguien que es feliz, es querer
compartir el sufrimiento de la amiga desgraciada. La
amistad, en el caso de alguien desgraciada, consiste
en verse colmada solo con el gozo de la amiga, sin
tomar parte en tal cosa, ni tan siquiera desear hacerlo. Creo cierto que esta frase reescrita se vuelve más
posible si la dejamos de pensar en términos amorosos
y la pensamos en clave amical.

La amistad hoy nos ofrece la potencia de que se espere menos de ella, en el sentido de que no se espera encontrar todo en una misma amiga. La amistad, además de la gama variada de afectos, permite la multiplicidad, y es en esta línea que la frase reescrita de Weil se vuelve posible. La amistad es promiscua. No esperar todo de alguien nos posibilita la compañía sin que sea una relación totalizante.

Como describe Sara Torres, una amistad que se corre del libreto del amor:

> Eres mi amiga pues no necesito hacerte desaparecer dentro de mí, tu libre albedrío no me causa ansiedad. Es, por el contrario, causa de admiración.
>
> Deseo ser en tu mundo, mezclada contigo, pero el misterio de tu mundo no despierta pasiones tristes, mi deseo por ti no tiene el tipo de potencia cuyo reverso es la angustia, no necesito incorporarte ni reducirte, como sí he necesitado antes borrar el misterio de otra para crear con ella una pareja (Torres, 2024, 46).[23]

Las relaciones amistosas hablan menos el lenguaje del amor o, mejor dicho, en algunos casos hablan un dialecto. No están siempre plagadas del discurso masivo del amor como sí lo están las relaciones románticas o familiares. Claro que en la amistad opera el discurso amoroso, pero se cuelan otras palabras. La amistad permite intermitencia. Si una amistad cambia su frecuencia y amigas pasan de verse una vez por semana a una vez por mes, la asunción primera no será necesariamente «no me quiere más», justamente porque no se encuentra en primer plano todo el tiempo el amor. Se podrá considerar que hay nuevos y distintos intereses, que está compartiendo más tiempo con otras personas, incluso que comenzó un noviazgo. Ese cambio en la intensidad no hace necesariamente considerar si la amistad se termina. Que sean relaciones degradadas socialmente les otorga la posibilidad de usar otras herramientas, las que se encuentran en los márgenes, en los rincones oscuros, en las partes traseras de los reflectores hollywoodenses del amor.

Podemos considerar que la amistad es un espacio de sonoridad mucho más amplio, con menos rincones muertos y claramente más potente, pero no se trata de defenestrar un afecto o un tipo de relación y enaltecer de manera absoluta otros. No hay interlocutorxs perfectxs, no hay incondicionalidad posible en la amistad. La amistad, al igual que el amor, no es necesariamente para toda la vida. No nos interesa una amistad romántica, a toda costa o de cualquier modo. La amistad merece que la pensemos de manera ética. Pensarnos en la amistad desde la amistad, pensar cuáles y cómo son las amistades que queremos para y en nuestras vidas.

Al principio de este trabajo dijimos que nos interesaba explorar aquellos lugares que podemos inventar a partir de nuestra incomodidad, a partir de la imposibilidad de habitar lo esperable. Esos mundos que por momentos aparecen como trinchera o como refugio. En este punto, coincidimos con Sara Ahmed en que si lo que estamos construyendo lo estamos construyendo sobre un territorio que no es nuestro, lo que construyamos será inevitablemente frágil. La amistad es sobre todo una morada frágil. A diferencia de la familia, no es incondicional, no viene con mandatos ni es inevitable, no viene por defecto. Continúa Ahmed: «No es sorprendente que, si necesitamos hacer añicos los cimientos sobre los que construimos algo, lo que construimos sea frágil» (Ahmed, 2018b).[24] La amistad se encuentra sobre estas coordenadas, se construye sobre un terreno que pertenece y se disputa a las lógicas amorosas, heterosexuales y familiaristas. La crononormatividad sexuada también comprende lo que se espera de las relaciones afectivas, sus calidades y afectos. Estipula un lugar relegado a la amistad en la adultez, comparada con la familia, la pareja y les hijes, que se ponen siempre en primer nivel de importancia.

La gran mayoría de las ficciones amorosas, no heterosexuales y heterosexuales, repiten hasta el cansancio la misma historia: la figura de la amiga solo aparece como complementaria, testigo y acompañante de las desgracias, triunfos o buenos pasares de las historias que sí cambian la vida, apasionan y nos afectan, que son las del amor.

Si bien en los últimos años hay una retórica en los feminismos sobre la amistad, se puede ver la gran cantidad de arte gráfico con representaciones de amigas y la figuración de la amistad en consignas («me cuidan mis amigas, no la policía» o la reescritura de la vieja consigna «no somos amigas, nos comemos el coño» por «somos amigas y nos comemos el coño») que explora sobre todo las ideas de camaradería, compañerismo y no rivalidad, un territorio de conquista especialmente importante para quienes no somos varones cis. Vale también prestar atención a que el «estoy enamorada de mis amigas» suele aparecer, no casualmente, frente a una ruptura amorosa, y no tenemos a mano representaciones suficientes de amistades entre mujeres, lesbianas, bisexuales y no binaries que funcionen como pilares vitales fuera del marco del desengaño amoroso. La mayoría de la teoría sobre amistad está publicada por varones cis, y no basta con cambiar una letra de la palabra para apropiarnos sus conceptos, es necesario que pensemos cómo queremos significar la amistad en nuestras vidas, más allá de los clichés discursivos que reivindican la amistad de una manera romántica. Significar la amistad: darle espacio, darle tiempo, darle caricias, darle casa, darle comida, darle fiesta, darle aguinaldo, reconocerla.

Es necesario contar otras historias, y no solo eso: permitirnos vivir historias diferentes. Redistribuir los afectos y cuidados, visibilizar y dar importancia política a los vínculos amistosos que también nos cambian y salvan la vida. Si lo que molesta al poder no son las relaciones lesbianas, sino la amistad, hagamos entonces el ejercicio de entrenarla.

La imaginación:

Tentar a los sentidos

El recorrido de este ensayo estuvo guiado por el entusiasmo y por las ganas, chocándose contra los marcos de la escritura académica que dio su origen. Si algo he aprendido durante este proceso es que cuando una cosa es espontánea, arbitraria, en apariencia caprichosa, justamente es en esos momentos donde más opera el deseo, pero también la norma y, por tanto, es cuando más tenemos que desconfiar. En esta encrucijada se ha situado la escritura: ¿cómo escribir y pensar tanto en algo sin que ello movilice y apasione? Es así que este ensayo le disputa la pasión al terreno amoroso. Cuestionando apasionadamente el amor, proponiendo por momentos apasionadamente la amistad, arrojando al desconcierto que implica, en algún punto, pelear contra nosotras mismas.

Como dice Haraway (2013), la blasfemia no es apostasía, sin embargo, nos protege de nuestra moral interna, y de esta manera insiste en la necesidad de lo comunitario; y la ironía se trata del humor y de la seriedad porque se ocupa de las contradicciones que, incluso dialécticamente, no dan lugar a totalidades mayores y que se crean en la tensión que implica mantener juntas cosas incompatibles, pero necesarias y verdaderas. No podemos pensarnos por fuera del discurso amoroso, aunque sí podemos habitarlo desde la sospecha y la incomodidad. Si reconocemos su sacralización, cuestionarlo entra inevitablemente en el orden de la blasfemia, mientras que cuestionarlo sin lograr salirnos de él, en el orden de la ironía. Esto es una estrategia retórica, pero también un método político que vale la vida intentar.

Después de todo lo dicho, concluir que «el amor» o la pareja son malos y la amistad es lo bueno sería una tontería. Cualquiera que haya tenido la práctica de no tener su mayor drama en el amor romántico o estar solterx y que haya apostado a construir su vida en torno a sus amigues, convivir, trabajar, emprender, cuidarse en la enfermedad, viajar, ir de fiesta, entre otros etcéteras vitales, sabrá que a mayor intensidad afectiva, mayor peligro de reterritorialización de eso que adjudicábamos a lo romántico; cuanto más primarios nuestros vínculos, cuanto más intensos, cuanto más dependen nuestras vidas de ellxs, más complejos son.

Este libro está escrito en contra y desde lo imposible porque, como dice Ahmed:

> No existe un buen amor que, al decir su nombre, pueda cambiar al mundo en el referente de ese nombre. Pero al resistirnos a hablar en nombre del amor, al reconocer que no actuamos simplemente por amor, y al comprender que el amor viene con condiciones, por más incondicional que se sienta, tal vez podamos encontrar un hilo o conexión de tipo diferente entre los otros a los que queremos y el mundo al que pretendemos darle forma (Ahmed, 2015).[1]

La batalla contra el dispositivo amoroso probablemente no se pueda ganar; sin embargo, quizás sea necesario darla. En términos de Marie Bardet (2019), puede que se trate de tomar las armas sin obnubilarse con la guerra. Pelearnos con nosotras mismas cuidándonos a nosotras mismas. Cuidándonos con las otras.

La cuestión es que no podemos sobrevivir sin cuidarnos y no hay supervivencia posible si no es colectiva.

Pienso en esta cita de Italo Calvino que me supo dar aire en medio de la claustrofobia de la cuarentena:

> El infierno de los vivos no es algo por venir; hay uno, el que ya existe aquí, el infierno que habitamos todos los días, que formamos estando juntos. Hay dos maneras de no sufrirlo. La primera es fácil

> para muchos: aceptar el infierno y volverse parte
> de él hasta el punto de dejar de verlo. La segunda
> es arriesgada y exige atención y aprendizaje con-
> tinuos: buscar y saber reconocer quién y qué, en
> medio del infierno, no es infierno, y hacer que dure,
> y dejarle espacio (Calvino, 2005, 171).[2]

La repito como un mantra: quién y qué, en medio del
infierno, no es infierno, y hacerlo durar, y darle espacio, y hacerlo durar, y darle espacio.

Si el amor nos es una adicción, no vamos a hacer los
12 pasos y a contar los días para desintoxicarnos.
No desde la abstinencia, sino desde la multiplicidad,
mostrarle al corazón otra cosa para que de vez en
cuando la quiera probar, crear terrenos fértiles para
que las cosas crezcan, las cosas pasen y hacerlas durar y darles espacio.

Apostar a una vida sin familia, sin pareja, puede llegar
a ser, para cualquier persona criada en esta sociedad,
una apuesta a una vida sacrificial, y el sacrificio se lo
dejamos a la Iglesia. Por eso creo que esta revisión crítica, antes que proponer respuestas, intenta abrir inte-
rrogantes acerca de cómo vivir nuestra vida corriendo
algunas comas del libreto que nos tocó interpretar,
encontrar las fisuras, recorrer las bifurcaciones de los
caminos más trillados, acolchonarlas para amortiguar
nuestra caída, pero también la de ese resto que los

recorre con nosotras. Una amortiguación puede ser un colchón pero también una palabra, una cucharita, un abrazo. Nos preguntamos junto a Ro Feltrez si se trata entonces también de tentar a los sentidos:

> Crear un posible territorio habitable entre tanto dolor, no ya desde la aplicación de una técnica, sino invitando a intensidades sin representación para ver si, en ese estar en común, alguna de las palabras descarriladas aliviana, por unos momentos, a una existencia aturdida (Feltrez, 2018).[3]

Mostrar pst pst, por acá también hay placer. Pssst pssst, esto está tibio, acá está fresco, acá está suave. En este huequito del hombro entrás perfecta, no se escucha tan fuerte el tictac del reloj, acá se descansa bien.

No hay salida de las narraciones, pero, como dice Haraway:

> hay muchas estructuras posibles de la narración, por no hablar de sus contenidos. Cambiar las narraciones, en el sentido material y el semiótico, es una intervención modesta que vale la pena (Haraway, 2013).[4]

Una intervención podría ser ensayar otras palabras que se escapen al discurso amoroso capitalista y nos abran otras posibilidades de estar en el mundo; otra, resaltar aquellas narraciones amistosas que quedan perdidas y desapercibidas entre los infinitos párrafos escritos de la heterosexualidad.

Romper el pacto ficcional, el contrato inconsciente que firmamos con la cisheteronorma capitalista y amorosa. No decir que es imposible cuando hay gente que ya lo está haciendo; en todo caso, correr el foco: hacer que las historias más débiles se tornen fuertes y las fuertes, débiles; no obstinarnos en escribir o buscar «la historia», sino en narrar alguna historia en particular. Una vez que rompemos el pacto ficcional, nos queda desaprender con el cuerpo la realidad consensual, imaginar otras prácticas y otros afectos, materializarlos, hacerlos durar y darles espacio.

Así como el capitalismo ha colonizado nuestro deseo, ha colonizado también nuestra imaginación. Deseamos cosas que muchas veces despreciamos y tenemos domesticada y reducida la imaginación a lo que ya conocemos. Quizás no se trate de imaginar de cero, algo totalmente nuevo; quizás sea pesquisando con otros ojos lo ya conocido; quizás la imaginación que nos sirva tenga más que ver con la lógica de *collage*, rescatar los pequeños gestos, dejar de buscar las grandes historias, la heroicidad, los grandes programas, las grandes revoluciones; quizás la imaginación sea más potente a la hora de buscar nuevas combinaciones.

Cuando nos faltan las palabras tenemos la posibilidad de pensar mejor. Usar nuestra mirada periférica. Pensar a campo traviesa, campo traviesa como la primera vez que mi perra Lucky fue al mar. Errática, para adelante, hacia atrás, en círculos infinitos, hacia el mar, hacia los médanos, entre las olas. Un ejercicio típico de danza: caminar por el espacio, en todos los sentidos, buscar los espacios vacíos.

Desplazarse atravesando campos, fuera de cualquier sendero, atender de manera sensible el derredor sin perder el foco del centro del propio cuerpo, salirnos del pacto, corrernos del camino trillado y despejado en una sola dirección (es difícil ver entre la gente, es difícil escucharnos entre el bullicio de la multitud), inventar cosas nuevas por más inverosímiles que sean. Erráticas como el movimiento de las alas de las polillas. Las polillas desestabilizan e incomodan por lo impredecible de su vuelo. Esa es su arma. Hay movimientos que desconciertan y eso despeja el campo para que lo atravesemos. Que no sepan en qué dirección vamos, que no sepan qué idioma hablamos: quedarnos sin palabras para inventar algo nuevo. Podemos incluso tomar algo de lo que no nos gusta o nos asusta, no tomar como extraer, sino como aprender a ser un poco más eso, movernos a veces como una polilla, a veces como una garrapata. Pienso en la garrapata que narra Deleuze, una garrapata paciente que se tienta o reacciona únicamente a tres excitantes para vivir que la guían: la luz, el olor, la textura. El resto del mundo la tiene sin cuidado.

Tentar a los sentidos haciendo que experimenten otras cosas, siendo alguien que no somos. Si no nos podemos desprender de nuestros sueños/deseos, entonces tomar sus herramientas de composición para descomponerlos y componer otra cosa. Desidentificarnos. Draguearnos. Pasarla bien con eso que no somos. Practicar BDSM: explicitar las relaciones de poder que circulan incluso a nuestro pesar. Poner en acto esas partes que desprecio de mí. Recibir un castigo por eso que me da culpa y que el castigo sea glorioso. Así, acabar con el castigo de manera literal.

Imaginar y practicar otras opciones, construir el *lesbiátrico**, adoptar viejxs que cuidar, adoptar nietxs que malcriar para no quedarnos lejos de las infancias al envejecer y no exigir a quienes queremos que procreen para que tengamos acceso a ese mundo si es que nos gusta.

Celebro que muchas de mis amigas y yo nos estemos convirtiendo en la «loca de los gatos»: neurodiversas, solteronas, románticas interespecie, promiscuas

---

* Lesbiátrico es una de las propuestas del colectivo Sueños de Mariposas fundado por Alicia Caf. Un nombre cómico para referirse a un hogar (no geriátrico) para lesbianas mayores.

de felinos, perros y plantas. Como dice Haraway: «Un bestiario de agencias, tipos de relaciones, que muchas veces superan todas las fantasías, incluso las de los cosmólogos más barrocos» (2013).[5]

La loca de los gatos no está sola, está con sus gatos y hay otras locas.

Otra vez: soledades compartidas, el oxímoron de lo queer.

Muchas venimos pensando en el gesto que nos corra, en los cómo, en las salidas, en las estrategias, en las prácticas, en las formas, en las herramientas, en las técnicas de supervivencia y bienvivencia. val flores propone desgobierno ficcional; Anzaldúa, romper la realidad consensual; Donna Haraway, correr el foco; Jack Halbertam, entregarnos al fracaso. Los cuentos que nos contaron: desencantarnos, romper el hechizo.

Este libro tuvo la intención de sumar otra narración del amor, quizás un poco molesta, urticante y, a su vez, sumar otras narraciones de lo que puede estar por fuera del amor, por fuera del tiempo correspondido, por fuera de los bordes de lo cronológicamente esperado. Pretendió poner resaltador a los finos hilos que trazan la constelación de la ayuda mutua e interdependencia que se tejen en la amistad, iluminar alguna imagen de la fiesta, correr el foco del primer plano del beso heterosexual para descubrir en el fondo de la pista la carcajada de dos amigas. Sara Ahmed dice:

> Feminismo lesbiano: recordar una escena que aún no ha sucedido, una escena de lo cotidiano; de los movimientos, los pequeños movimientos, que cuentan la historia de nuestra supervivencia (Ahmed, 2018b, 295).[6]

Una escena que aún no (nos) ha sucedido. Imaginar un mundo diferente con lo que ya hay. Buscar las palabras, los gestos, las formas y los movimientos más escurridizos. Otra vez: aprender a recordar que podríamos ser de otra manera.

Hay lecturas que son compañía, hay lecturas que son terapéuticas, como la amistad. Pienso en este ensayo como una constelación de amistades reales e imaginarias. En la fiesta de este trabajo con Sara, Emma, Macky, Jack, Monique, Audre, val, Shulamith, Kate, Gayle, bailando o sosteniendo un vaso en mi terraza junto a lxs demás amigas que suben la música, quienes, amplificando la imaginación afectiva, logran que haya menos rincones muertos.

Agradecimientos

A Delfina Cabrera por su generosidad afectiva y académica, que dio impulso y forma a este libro; a Yolanda Segura por las lecturas y los aportes certeros; a Dafna Alfie por no dejar de construir juntas aunque nuestro suelo o techo se vuelva frágil, por dejarme llorarle la cama, por leerme en otros sentidos; a Eva Trebisacce, Lui Stegmann, Jose Nico, Jose Itoiz por inventar fiestas en cualquier momento y en cualquier lugar; a Mecu Rubini y Nati Laclau por las rutas que acompañaron este trabajo; a An Millet por los intercambios intelectuales y afectivos; a la Asamblea Lésbica Permanente y a Orgullo en Lucha por mostrarme nuevas formas de pensar y hacer política; a Ezequiel Adamovsky por la compañía y el cariño; a Flor Fernández por la complicidad feminista transatlántica; a Mora Rodríguez y Lu González Chiappe por enseñarme a pensar desde el baile y el movimiento, por abrirme un registro nuevo del cuerpo; a Mile Borgognone, Jose Bianchini y Dani Iozza por mezclar clínica, terapia y amistad; a Caro Silbergleit por el acompañamiento durante el posgrado que gestó los comienzos de este libro; a Lucía Allende por darnos la mano intermitentemente y encender la adolescencia; a Pato Laterra, Ro Feltrez, Crono Stefanazzi Kondolf y Vic Sfriso por sus lecturas y aportes; a Mati Heer por los salvatajes, las comas y los peines; a Gabi Barolo, Maige Lozza, Pau Otero, Cata González del Cerro y Lau Gunst por su apoyo y su contagiosa fascinación por la filosofía con cualquier sustancia y en cualquier lugar; a esta casa que sabe ser trinchera, refugio, fiesta, terremoto y refugio de nuevo; a les pacientes que me invitan a pensar con elles cosas nuevas; a Clarisa Burdisso por su foco brillante en lugares inesperados; a Anuka Fuks por su ojo editorial; a Mathi Gatti por el equilibrio en el continuo movimiento; a Anaclara Frosio y Ailo Hercolini por el empuje y entusiasmo; a Víctor Marastoni por abrirnos camino en medio de un pueblo a veces infernal; a mi papá por convidarme a Lucky e invitarme a otro mundo después de irse de este; a Lucky por sacarme de la cama con el movimiento de su cola; a la Vicio y Perversión por abrir miles de puertas; a Pibita y en memoria de Pueblo y Chita, panteras del asfalto y de los cielos.

Listado de referencias

Intromisión

1. Ahmed, Sara. *La política cultural de las emociones*, trad. de Helena López. México, D.F.: UNAM, 2015.

2. Arnés, Laura. *Ficciones lesbianas*. Buenos Aires: Madreselva, 2016.

3. Preciado, Paul B. *Testo yonqui*. Madrid: Espasa, 2008.

4. De Lauretis, Teresa. *Cuando las lesbianas no éramos mujeres*, trad. de Gaby Herczeg. Córdoba: bocavulvaria ediciones, 2014.

5. Arnés, Laura. *Ficciones lesbianas*. Buenos Aires: Madreselva, 2016.

6. Haraway, Donna. «Testigo modesto», trad. de Pau Pitarch, en *Lectora: revista de dones i textualitat* (Barcelona) 2013;10:13-36.

7. Muñoz, José Esteban. *Utopía Queer. El entonces y allí de la futuridad antinormativa*. Buenos Aires: Caja Negra, 2020.

8. Halberstam, Judith. *El arte queer del fracaso reacciona con terror*. Madrid: Egales, 2018.

9. Hall, Stuart. «Old and New Identities, Old and New Ethnicities», en King, Anthony D. *Culture, Globalization and the World System*. Londres: Macmillan, 1991, 42-69.

10. Halberstam, Judith. *El arte queer del fracaso reacciona con terror*. Madrid: Egales, 2018.

11. *Idem.*

12. Cabrera, Delfina. «Traducir el archivo. Una lectura de los manuscritos translingües de Manuel Puig». IX Congreso Internacional Orbis Tertius de Teoría y Crítica Literaria (actas). Ensenada: Universidad Nacional de la Plata, 2015.

13. Lorde, Audre. *A Burst of Light: Essays*. Ithaca: Firebrand, 1988.

14. Ahmed, Sara. *Vivir una vida feminista*. Barcelona: Bellaterra, 2018b.

Capítulo 1

1. Millett, Kate. *Política sexual*. México: Aguilar, 1975.

2. Federici, Silvia. «Lo que llaman amor, nosotras lo llamamos trabajo no pagado», entrevista de Tzul Tzul, Gladys, en Rebelión.org, 29 de abril de 2015. Disponible en: https://rebelion.org/el-patriarcado-del-salario-lo-que-llaman-amor-nosotras-lo-llamamos-trabajo-no-pagado/.

3. Sáez, Javier. «El amor es heterosexual». Disponible en: https://es.scribd.com/document/352444514/El-Amor-Es-Heterosexual-Javier-Saez.

4. *Idem.*

5. *Idem.*

6. Cabral, Mauro. «Justicia intersex». Disponible en: https:/www.facebook.com/justiciaintersex/posts/2023327 867784188/.

7. Heinlein *apud* Ahmed, Sara. *La promesa de la felicidad.* Buenos Aires: Caja Negra, 2019.

8. Leibniz *apud* Ahmed, Sara. *La promesa de la felicidad.* Buenos Aires: Caja Negra, 2019.

9. Ahmed, Sara. *La promesa de la felicidad.* Buenos Aires: Caja Negra, 2019.

10. Sáez, Javier. «El amor es heterosexual». Disponible en: https://es.scribd.com/document/352444514/El-Amor-Es-Heterosexual-Javier-Saez.

11. Ludditas Sexxxuales. *Ética amatoria del deseo libertario y las afectaciones libres y alegres.* Buenos Aires: Milena Caserola, 2012.

12. Ahmed, Sara. *La política cultural de las emociones,* trad. de Helena López. México, D.F.: UNAM, 2015.

13. Ahmed, Sara. *Vivir una vida feminista.* Barcelona: Bellaterra, 2018b.

14. Jónasdóttir, Ana G. *El poder del amor: ¿le importa el sexo a la democracia?*, trad. de Carmen Martínez Jimeno. Madrid: Cátedra, 1993.

Capítulo 2

1. Foucault, Michel. *¿Qué hacen los hombres juntos?* Madrid: Cinca, 2015.

2. *Idem.*

3. Rich, Adrienne. «Heterosexualidad obligatoria y existencia lesbiana», en *DUODA Revista d'Estudis Feministes* (Universitat de Barcelona) 1996;10:15-45.

4. *Idem.*

5. *Idem.*

6. Ahmed, Sara. *La política cultural de las emociones*, trad. de Helena López. México, D.F.: UNAM, 2015.

7. Ahmed, Sara. *Vivir una vida feminista*. Barcelona: Bellaterra, 2018b.

8. *Idem.*

9. Rubin, Gayle. «Reflexionando sobre el sexo: notas para una teoría radical de la sexualidad», en Vance, Carole S. *Placer y peligro. Explorando la sexualidad femenina*. Madrid: Revolución, 1989, 113-190.

10. Cano, Virginia. «Políticas del nombre (im)propio. Decirnos tortilleras», en *Instantes y Azares: Escrituras Nietzscheanas* (Buenos Aires) 2015;15-16:163-174.

11. flores, valeria. «Fugitivas en el desierto: voces lesbianas en un paisaje heterosexual», en *Escritos heréticos*, 26 de abril de 2009. Disponible en: http://escritoshereticos.blogspot.com/2009/04/fugitivas-en-el-desierto-voces.html.

12. Weil, Simone. *La gravedad y la gracia*. Madrid: Trotta, 2007.

13. Ahmed, Sara. *La promesa de la felicidad*. Buenos Aires: Caja Negra, 2019.

14. Luna, Caleb. «Sobre ser gordx, morenx, femeninx, fex e incapaz de ser amadx», en Contrera, Laura y Cuello, Nicolás (comps.). *Cuerpos sin patrones: resistencias desde las geografías desmesuradas de la carne*. Buenos Aires: Madreselva, 2016.

15. Weisstein, Naomi. «Los "Informes Hite": Orientando una revolución ideológica en marcha», en Hite, Shere. *Mujeres y amor. Un incisivo recorrido por los sentimientos femeninos en el nuevo milenio*. Madrid: Punto de Lectura, 2002.

16. Negri, Toni. «Revolución significa producirse a uno mismo», en *Reporte Sexto Piso*, julio de 2018.

17. Backès-Clément, Catherine. «Entrevista a Gilles Deleuze y Felix Guattari», en Deleuze, Gilles. *Conversaciones*. Valencia: Pre-Textos, 1996, 26-41.

18. *Idem.*

19. Lispector, Clarice. *Cuentos reunidos* (1960-1979), trad. de Cristina Peri Rossi, Juan García Gayo, Marcelo Cohen y Mario Morales, en jugaor (www.epublibre.org), p. 374. Disponible en: https://amsafe.org.ar/wp-content/uploads/Cuentos_reunidos.pdf.

20. Luna, Caleb. «Sobre ser gordx, morenx, femeninx, fex e incapaz de ser amadx», en Contrera, Laura y Cuello, Nicolás (comps.). *Cuerpos sin patrones: resistencias desde las geografías desmesuradas de la carne.* Buenos Aires: Madreselva, 2016.

21. Manada de Lobxs. *Foucault para encapuchadas.* Buenos Aires: Milena Caserola, 2014.

22. *Idem.*

23. Halberstam, Judith. *El arte queer del fracaso reacciona con terror.* Madrid: Egales, 2018.

24. *Idem.*

Capítulo 3

1. Solana, Mariela. «Asincronía y crononormatividad. Apuntes sobre la idea de temporalidad queer», en *El banquete de los dioses* (Buenos Aires, Universidad de Buenos Aires) 2017;5(7):37-65.

2. *Idem.*

3. Spade, Dean y Dector, Hope. Entrevistas a activistas trans y queer en el Queer Dreams and Not Profit Blues, organizado por Barnard Center Research for Women y Engaging Tradition Project, 2013. Vídeos disponibles en https://sfonline.barnard.edu/navigating-neolibe-ralism-in-the-academy-nonprofits-and-beyond/dean-spade-hope-dec-tor-queer-dreams-and-nonprofit-blues-understanding-the-npic/

4. Foucault, Michel. *¿Qué hacen los hombres juntos?* Madrid: Cinca, 2015.

5. *Idem.*

6. Ludditas Sexxxuales. *Ética amatoria del deseo libertario y las afectaciones libres y alegres.* Buenos Aires: Milena Caserola, 2012.

7. Spade, Dean y Dector, Hope. Entrevistas a activistas trans y queer en el Queer Dreams and Not Profit Blues, organizado por Barnard Center Research for Women y Engaging Tradition Project, 2013. Vídeos disponibles en https://sfonline.barnard.edu/navigating-neolibe-ralism-in-the-academy-nonprofits-and-beyond/dean-spade-hope-dec-tor-queer-dreams-and-nonprofit-blues-understanding-the-npic/.

8. Ahmed, Sara. *La promesa de la felicidad*. Buenos Aires: Caja Negra, 2019.

9. *Idem.*

10. Caf, Alicia. Cita extraída de su publicación en Facebook el día 26 de julio de 2017. Disponible en: https://www.facebook.com/ali.caf.90.

11. Lorde *apud* Ahmed, Sara. *Vivir una vida feminista.* Barcelona: Bellaterra, 2018b.

12. *Idem.*

13. Goldman, Emma. *Si no puedo bailar, no quiero ser parte de tu revolución.* Buenos Aires: La mariposa y la iguana, 2017.

14. Rodríguez, Juana María. «Gesto a tiempo de mambo», en *Akademos* (Quito) 2016;2:23-73.

15. *Idem.*

16. Foucault, Michel. «Sexo, poder y la política de la identidad: entrevista a Michel Foucault», entrevista de Gallagher B. y Wilson A., 7 de agosto de 1984.

17. Ferrer, Christian. *Cabezas de tormenta: ensayos sobre lo ingobernable.* Buenos Aires: Anarrés, 2004.

18. *Idem.*

19. Tiqqun. *Introducción a la guerra civil.* s.f. Disponible en: https://tiq-qunim.blogspot.com/2013/03/introduccion-la -guerra-ci-vil.html.

20. Cortázar, Julio. *Rayuela.* Buenos Aires: Sudamericana, 1966.

21. Barthes, Roland. *Fragmentos de un discurso amoroso.* Buenos Aires: Siglo veintiuno editores, 2005:135.

22. Ludditas Sexxxuales. *Ética amatoria del deseo libertario y las afectaciones libres y alegres.* Buenos Aires: Milena Caserola, 2012.

23. Torres, Sara. «Mundos que hacen el amor» en *(h) amor⁹ amigas*, Madrid, Continta me tienes, 2024.

24. Ahmed, Sara. *Vivir una vida feminista*. Barcelona: Bellaterra, 2018b.

La imaginación

1. Ahmed, Sara. *La política cultural de las emociones*, trad. de Helena López. México, D.F.: UNAM, 2015.

2. Calvino, 2005 (falta ref. en la lista bibliográfica)

3. Feltrez, Rocío. Eduardo Pavlovsky. *Sensibilidad clínica-estética-política*. Buenos Aires: La Cebra, 2018.

4. Haraway, Donna. «Testigo modesto», trad. de Pau Pitarch, en *Lectora: revista de dones i textualitat* (Barcelona) 2013;10:13-36.

5. *Idem*.

6. Ahmed, Sara. *Vivir una vida feminista*. Barcelona: Bellaterra, 2018b.

Bibliografía

Ahmed, Sara. *La política cultural de las emociones,* trad. de Helena López. México, D.F.: UNAM, 2015.

Ahmed, Sara. «NO», trad. de Nicolás Cuello. Buenos Aires: Latfem, 2018a.

Ahmed, Sara. *Vivir una vida feminista*. Barcelona: Bellaterra, 2018b.

Ahmed, Sara. *La promesa de la felicidad*. Buenos Aires: Caja Negra, 2019.

Anzaldúa, Gloria, *Borderlands/La frontera*. México, D.F.: UNAM, 2015.

Arnés, Laura. *Ficciones lesbianas*. Buenos Aires: Madreselva, 2016.

Backès-Clément, Catherine. «Entrevista a Gilles Deleuze y Felix Guattari», en Deleuze, Gilles. *Conversaciones*. Valencia: Pre-Textos, 1996, 26-41.

Badiou, Alain. *Elogio del* amor. Buenos Aires: Paidós, 2012.

Barthes, Roland. *Fragmentos de un discurso amoroso*. Buenos Aires: Siglo veintiuno editores, 2005:135.

Butler, Judith. *Gender Trouble*. New York: Routledge, 1990.

Butler, Judith, «Imitación e insubordinación de género», en *Revista de Occidente* (Madrid) 2000;235:85-109

Cabral, Mauro. «Justicia intersex». Disponible en: https:/ www.facebook. com/justiciaintersex/posts/2023327 867784188/

Cabrera, Delfina. «Traducir el archivo. Una lectura de los manuscritos translingües de Manuel Puig». IX Congreso Internacional Orbis Tertius de Teoría y Crítica Literaria (actas). Ensenada: Universidad Nacional de la Plata, 2015.

Cano, Virginia. «Políticas del nombre (im)propio. Decirnos tortilleras», en *Instantes y Azares: Escrituras Nietzscheanas* (Buenos Aires) 2015;15-16:163-174.

Cortázar, Julio. *Rayuela*. Buenos Aires: Sudamericana, 1966.

Cuello, Nicolás. «El amor no es suficiente». *Cosecha Roja* 2018. Disponible en: https://www.cosecharoja.org/ el-amor-no-es-suficiente/

De Lauretis, Teresa. *Cuando las lesbianas no éramos mujeres,* trad. de Gaby Herczeg. Córdoba: bocavulvaria ediciones, 2014.

Dinshaw, Carolyn. «Got Medieval», en *Journal of the History of Sexuality* (Austin, University of Texas) 2001;2:202-212.

D'Uva, Mónica. «Identidad de género y su forma restrictiva sobre el parentesco», en IV Jornadas del Centro Interdisciplinario de Investigaciones en Género (actas). Ensenada: Universidad Nacional de la Plata, 2016.

Easton, Dossie y Hardy, Janet W. *Ética promiscua*. Barcelona: Melusina, 2009.

Esteban, Mari Luz. *Crítica del pensamiento amoroso*. Barcelona: Edicions Bellaterra, 2011.

Federici, Silvia. «Lo que llaman amor, nosotras lo llamamos trabajo no pagado», entrevista de Tzul Tzul, Gladys, en Rebelión.org, 29 de abril de 2015. Disponible en: https://rebelion.org/el-patriarcado-del-salario-lo-que-llaman-amor-nosotras-lo-llamamos-trabajo-no-pagado/

Feltrez, Rocío. *Eduardo Pavlovsky. Sensibilidad clínica-estética-política*. Buenos Aires: La Cebra, 2018.

Ferrer, Christian. *Cabezas de tormenta: ensayos sobre lo ingobernable*. Buenos Aires: Anarrés, 2004.

Firestone, Shulamith. *La dialéctica del sexo*. Barcelona: Kairós, 1976.

flores, valeria. «Fugitivas en el desierto: voces lesbianas en un paisaje heterosexual», en *Escritos heréticos*, 26 de abril de 2009. Disponible en: http://escritos-hereticos.blogspot.com/2009/04/fugitivas-en-el-desierto-voces.html

flores, valeria y tron, fabi. *Chonguitas: masculinidades de niñas*. Neuquén: La mondonga, 2013.

Foucault, Michel. *¿Qué hacen los hombres juntos?* Madrid: Cinca, 2015.

Foucault, Michel. «Sexo, poder y la política de la identidad: entrevista a Michel Foucault», entrevista de Gallagher B. y Wilson A., 7 de agosto de 1984.

Foucault, Michel. «Una introducción a la vida no fascista (prólogo a la edición estadounidense del *Antiedipo*)», en *Archipiélago: Cuadernos de Crítica de la Cultura* (Barcelona) 1994;17:88-91.

Goldman, Emma. *Si no puedo bailar, no quiero ser parte de tu revolución*. Buenos Aires: La mariposa y la iguana, 2017.

Grosz, Elizabeth. *Space, Time and Perversion*. Nueva York-Londres: Routledge, 1995.

Gutiérrez, María Laura. *Imágenes de lo posible: intervenciones y visibilidades feministas en las prácticas artísticas en Argentina (1986-2013)*. Tesis doctoral. Buenos Aires: Universidad de Buenos Aires, 2017.

Halberstam, Jack. *In a Queer Time and Place*. New York: New York University Press, 2005.

Halberstam, Judith. *El arte queer del fracaso reacciona con terror*. Madrid: Egales, 2018.

Hall, Stuart. «Old and New Identities, Old and New Ethnicities», en King, Anthony D. *Culture, Globalization and the World System*. Londres: Macmillan, 1991, 42-69.

Halperin, David. «Sex Before Sexuality: Pederasty, Politics, and Power in Classical Athens», en Martin Alcoff, Linda y Mendieta, Eduardo. *Identities: Race, Class, Gender and Nationality*. Hoboken: Wiley, 2003, 227-243.

Haraway, Donna. «Testigo modesto», trad. de Pau Pitarch, en *Lectora: revista de dones i textualitat* (Barcelona) 2013;10:13-36.

Jónasdóttir, Ana G. *El poder del amor: ¿le importa el sexo a la democracia?*, trad. de Carmen Martínez Jimeno. Madrid: Cátedra, 1993.

Langford, Wendy. *Revolutions of the heart*. Londres: Routledge, 1999.

Lorde, Audre. *A Burst of Light: Essays*. Ithaca: Firebrand, 1988.

Love, Heather. *Feeling Backward: Loss and the Politics of Queer History*. Cambridge: Harvard University Press, 2007.

Ludditas Sexxxuales. *Ética amatoria del deseo libertario y las afectaciones libres y alegres*. Buenos Aires: Milena Caserola, 2012.

Luna, Caleb. «Sobre ser gordx, morenx, femeninx, fex e incapaz de ser amadx», en Contrera, Laura y Cuello, Nicolás (comps.). *Cuerpos sin patrones: resistencias desde las geografías desmesuradas de la carne*. Buenos Aires: Madreselva, 2016.

Manada de Lobxs. *Foucault para encapuchadas*. Buenos Aires: Milena Caserola, 2014.

Millett, Kate. *Política sexual*. México: Aguilar, 1975.

Millett, Kate. «El amor ha sido el opio de las mujeres», entrevista de Lidia Falcon, en *El País*, 21 de mayo de 1984.

Muñoz, José Esteban. *Utopía Queer. El entonces y allí de la futuridad antinormativa*. Buenos Aires: Caja Negra, 2020.

Negri, Toni. «Revolución significa producirse a uno mismo», en *Reporte Sexto Piso*, julio de 2018.

Osborn, Raquel. *Apuntes sobre violencia de género*. Barcelona: Edicions Bellaterra, 2009.

Preciado, Paul B. *Testo yonqui*. Madrid: Espasa, 2008.

Rich, Adrienne. «Heterosexualidad obligatoria y existencia lesbiana», en *DUODA Revista d'Estudis Feministes* (Universitat de Barcelona) 1996;10:15-45.

Robson, Ruthann. «Compulsory matrimony», en Fineman, Martha; Jackson, Jack E. y Romero, Adam P. *Feminist and Queer Legal Theory: Intimate Encounters, Uncomfortable Conversations*. Farnham: Ashgate, 2009, 315-328.

Rodríguez Enríquez, Corina. «Economía feminista y economía del cuidado. Aportes conceptuales para el estudio de la desigualdad», en *Nueva Sociedad* (Buenos Aires) 2015;256:30-44.

Rodríguez, Juana María. «Gesto a tiempo de mambo», en *Akademos* (Quito) 2016;2:23-73.

Rubin, Gayle. «Reflexionando sobre el sexo: notas para una teoría radical de la sexualidad», en Vance, Carole S. *Placer y peligro. Explorando la sexualidad femenina*. Madrid: Revolución, 1989, 113-190.

Rubin, Gayle. *De catamitas y reyes: reflexiones sobre butch, género y fronteras*. Córdoba: bocavulvaria ediciones, 2014.

Solana, Mariela. «Asincronía y crononormatividad. Apuntes sobre la idea de temporalidad queer», en *El banquete de los dioses* (Buenos Aires, Universidad de Buenos Aires) 2017;5(7):37-65.

Spade, Dean. *Para amantes y luchador*s,* trad. de Morgan Ztardust. s.f. Disponible en: https://www.deanspade.net/wp-content/uploads/2013/02/Para-amantes-y-luchadorx-traducción.pdf

Spade, Dean y Dector, Hope. Entrevistas a activistas trans y queer en el Queer Dreams and Not Profit Blues, organizado por Barnard Center Research for Women y Engaging Tradition Project, 2013. Vídeos disponibles en https://sfonline.barnard.edu/navigating-neo-libe-ralism-in-the-academy-nonprofits-and-beyond/dean-spade-hope-dec-tor-queer-dreams-and-non-profit-blues-understanding-the-npic/

Tiqqun. *Introducción a la guerra civil.* s.f. Disponible en: https://tiq-qunim.blogspot.com/2013/03/introduc-cion-la -guerra-ci-vil.html.

Torres, Sara. «Mundos que hacen el amor», en *(h)amor⁹ amigas.* Madrid: Continta Me Tienes, 2024.

Weil, Simone. *La gravedad y la gracia.* Madrid: Trotta, 2007.

Weisstein, Naomi. «Los "Informes Hite": Orientando una revolución ideológica en marcha», en Hite, Shere. *Mujeres y amor. Un incisivo recorrido por los sentimientos femeninos en el nuevo milenio.* Madrid: Punto de Lectura, 2002.

Williams, Linda. *Hard Core: Power, Pleasure and the Frenzy of the Visible*. California: California University Press, 1989.

Soundtrack: «¡Oh, amor, te odio!»

Love Is in the Air – John Paul Young
Funnel of Love – Wanda Jackson
Maldigo el alto cielo - Violeta Parra
El amor – Chumina Power
La ex de mi ex – Sudor Marika ft. Mana Isla
De este mundo – Mana Isla
Stupid Cupid – Connie Francis
How Glad I Am – Nancy Wilson
Piensa en mí – Grupo Mojado
Amor prohibido – Selena
Can't Help Falling in Love – Elvis Presley
Be My Baby – The Ronettes
Ring of Fire – Johnny Cash
Yo te amo te amo – Yuri
Sarà perché ti amo – Ricchi E Poveri
What Is Love – Haddaway

Siboney – Connie Francis
Bonus Track – Mana Isla
Fotoromanza – Maria Antonietta, Chewingum
Amorfoda – Bad Bunny
Amor – Ben E. King
I Can Change – LCD Soundsystem
Glory of Love – Peter Cetera
Yo no nací para amar – Juan Gabriel
Fiesta – Raffaella Carrà

Colección La pasión de Mary Read